ISLANDE

ISLANDE

Photos Ragnar Th. Sigurðsson
Texte Christine Masson

*Tous les deux ans,
pour la Saint-Jean,
des milliers de "Vikings"
en provenance de la plupart
des pays nordiques
se rassemblent
à HAFNARFJORDUR
(à 15 minutes de voiture
de Reykjavik), le temps
d'un festival, au cours duquel
chacun peut renouer
avec les traditions héritées
du Moyen Age.*

vilo

Avec ses sources thermales bouillonnantes qui délivrent une eau turquoise, si chaude qu'il faut la rafraîchir pour que les visiteurs puissent s'y baigner, HVERAVELLIR est l'un des rares sites habités du centre glacé et désertique de l'Islande.

Sommaire

ITINERAIRES

◂◂ Issue des eaux de fonte du glacier LANDJOKULL, la rivière HVITA, qui offre le spectacle de l'une des plus belles chutes du monde (GULFOSS, la "chute d'or", 32m de dénivelé) se fraie tumultueusement un passage dans les sédiments basaltiques qu'elle creuse depuis des siècles.

◂◂ En perte de vitesse, l'industrie lainière produit toujours de superbes pulls "jacquard". A la fois douce et chaude, la laine utilisée est naturellement imperméable et très résistante.

Au cœur du Parc national de SKAFTAFELL, cette petite église coiffée de tourbe, représentative des constructions islandaises traditionnelles, est parfaitement armée pour résister aux intempéries. Dans cette partie Sud du pays, le climat est suffisamment clément pour que quelques arbres et arbustes s'y développent.

Le feu sous la glace...

Etonnante Islande. Etonnants plus encore les Islandais. Ces 280 000 descendants directs des Vikings, furieusement accrochés à leur terre en gésine permanente. D'aucuns se seraient lassés de ce pays situé au nord de l'Atlantique Nord, à la limite du Cercle Polaire, en proie à un volcanisme follement actif, à cheval sur la faille qui sépare et éloigne inexorablement l'Eurasie des Amériques, théâtre de l'affrontement des flux atmosphériques subtropicaux et arctiques. Pas les Islandais !

Certains, comme Leif Eirikson, le fils du fameux Eirik le Rouge, en l'an 1000, sont bien partis découvrir ce que l'on n'appelait pas encore l'Amérique, mais ils sont revenus. A l'instar de la chanteuse Björk, qui ne s'est pas laissée séduire par les paillettes d'Hollywood, et a retrouvé sa maison sur le port de Reykjavik. Comme si un attrait mystérieux retenait leur âme sur cette terre vieille de vingt millions d'années seulement, plus proche qu'aucune autre des débuts chaotiques de la planète, la splendeur des paysages, nés du mariage du feu et de la glace y est sans doute pour beaucoup, ainsi que la présence de ces créatures étranges : elfes, gnomes, trolls et autres farfadets, auxquels les Islandais, pourtant fervents adeptes de la modernité, croient dur comme fer.

La nature tient une place surprenante dans l'esprit d'une population essentiellement urbaine (60% des Islandais vivent dans la capitale), dont les ingénieurs des Ponts et Chaussées n'hésitent pas à détourner une route "pour éviter deux grosses pierres où les esprits des airs aiment à se réfugier". A la moindre occasion, et surtout durant les si brèves semaines d'été, tout le monde part se ressourcer au contact de cette nature qui, entre deux glaciers, un désert de sable noir et un volcan coiffé de neiges éternelles, sait aussi se faire tendre et souriante avec ses villages de maisons de poupées aux toîts rouges et ses prés où pâturent de charmants chevaux aux yeux doux.

Privés ou presque de soleil pendant de longs mois, les Islandais veulent profiter des lumineuses nuits estivales quasiment sans fin et se griser, enfin, de vert. Car sur cette terre décharnée où le vent court sans frein, lavant un ciel immense, ne poussent quasiment ni arbres ni fleurs. Qu'importe. Pierres et lichens se chargent d'apporter couleur et diversité parmi les sombres champs de laves solidifiées en boursouflures grotesques, les dunes de sables anthracite, les lacs turquoises, aux profondeurs laiteuses, les fjords creusés à même le basalte, les falaises déchiquetées auxquelles la mer arrache des blocs qu'elle sculpte en silhouettes fantomatiques. Les volcans ne sont pas en reste. Leurs flancs se parent de dégradés mousseux de jaune, safran, brun et blanc, les gueules béantes des cratères s'ornent d'arabesques pourpres, se drapent dans d'énigmatiques panaches de vapeur.

KERLINGAFJOLL,
la "montagne des sorcières",
est l'un des rares lieux
où l'on pratique le ski alpin.
Depuis son sommet,
par beau temps, on découvre
une grande partie de l'Islande.
Sur ses pentes, les bassins
d'eau chaude rivalisent
avec les champs de solfatares,
et il est prudent d'y respecter
le balisage.

Jaillissant de leur écrin de verre, constitué de délicats cristaux de silice colorés en jaune, les sources chaudes de HVERALLEVIR, au centre de l'Islande terrifiaient autrefois les voyageurs. Celle de OSKURSHOLSHVER, qui sourd en rugissant, est la plus impressionnante.

COMME À L'AUBE DU MONDE

En Islande, la menace du déchaînement des éléments n'est pas une vue de l'esprit. Avec une éruption en moyenne tous les cinq ans, cette terre de commencement (ou de fin ?) du monde exhale en permanence une odeur de soufre. On y surveille attentivement une vingtaine de volcans dont le moindre mouvement de mauvaise humeur peut avoir des conséquences catastrophiques. Ainsi, aux îles Westmann, au sud du pays, le petit port de Heimaey, en 1973, a du être évacué en urgence, submergé par une pluie de cendres, un tiers de ses maisons emportées par une coulée de lave stoppée in-extremis...

centrales géothermiques, utilisation des sources brûlantes pour le chauffage urbain etc- la nature affiche en permanence des airs de marmite au bord de l'ébullition.

Une impression renforcée par la promptitude avec laquelle le temps peut varier. Les Islandais disent d'ailleurs volontiers aux étrangers "si le temps ne vous plaît pas attendez donc cinq minutes, il va changer". Eux, ont la robustesse paisible de qui ne se laisse troubler ni par un sol instable, ni par la fatalité qu'ils ont toujours réussi à vaincre, et déclarent savourer chacune des saisons avec un bonheur égal.

L'HEKLA était considéré au Moyen Age comme les portes de l'enfer. Ce grand strato-volcan fissural est toujours actif et expédie régulièrement vers le ciel des cendres et des produits pyroclastiques, avant d'émettre des laves qui deviennent d'un noir d'encre en refroidissant.

Considérée au Moyen Age comme la Porte des Enfers, l'Islande offre aujourd'hui encore l'extraordinaire spectacle des forces primitives en action qui ravissent les curieux. Les routes intérieures offrent des haltes régulières où fulgurants geysers, glougloutantes mares de boues brûlantes, solfatares aux émanations puantes et fumerolles nauséabondes sont autant de manifestations d'une activité souterraine intense. Même apparemment domestiquée -piscines et

Une force puisée sans doute dans les interminables nuits hivernales, émaillées de fêtes généreusement arrosées, et prétexte à se raconter des histoires inspirées des Sagas. Ces récits épiques des XIVème et XVème siècles, que tout Islandais peut encore aujourd'hui lire dans le texte, véritables ciment de la société islandaise, peuplent depuis des siècles le silence des longs hivers et la solitude des grands espaces.

Les îles WESTMANN, au sud de l'Islande, sont un haut lieu du volcanisme. En 1963, l'île SURTSEY, baptisée d'après le nom du géant Sur, héros du Crépuscule des Dieux réputé répandre le feu sur le monde, est née des flots sous la poussée du magma.

La vie sur HEIMAEY, la plus grande des îles WESTMANN, premier port de pêche islandais, a bien failli s'arrêter quand en 1973, le volcan HELGAFELL, toujours en activité aujourd'hui, fut pris d'une énorme colère. Ses jets de cendres et de gaz asphyxiants et son énorme coulée de lave ne firent heureusement que des dégâts matériels.

Le 23 janvier 1973, à HEIMAEY,
une vingtaine de fontaines
de laves naissaient sur les flancs
de la "montagne sainte"
HELGAFELL, déversant
230 millions de m3 de lave,
dont 5 millions seront figés
par un arrosage intensif,
empêchant ainsi le fleuve
de feu de détruire toute la ville.
La lave détournée a créé
3km2 de terre nouvelle,
dont un pris sur la mer.
Et le port est maintenant
protégé par un mur… de lave.

UNE TERRE EN CONSTRUCTION

Avec ses reliefs aux contours changeants, son climat aux violences soudaines l'Islande est une terre jeune en permanent remodelage. Il faut attendre le pire -ou le meilleur- de son sous-sol aux humeurs imprévisibles. C'est ainsi qu'en 1963, les habitants des îles Westmann ont eu la surprise de découvrir une nouvelle île à leur archipel, Surtsey, surgie des profondeurs à la suite d'une éruption sous-marine. Les volcans islandais ne se contentent pas de se dissimuler sous la mer. La plupart sont bien visibles, sévères sentinelles de paysages lunaires. Ce n'est pas un hasard si les astronautes américains de la mission Appolo XI sont venus dans le désert de l'Askja s'entraîner à marcher sur la lune... Pour le paysage en tout cas, ils y étaient presque ! Ce champ de lave, le plus vaste du monde, servait au temps des Vikings de prison naturelle où l'on expédiait les proscrits. Errant pitoyablement dans ces étendues lunaires, en proie au froid et à la faim et à la pire des solitudes, ils étaient condamnés à une mort certaine.

On peut approcher de très près le front du glacier MYRDALSJOKULL en remontant la langue glaciaire de sa face Est. Sa glace est semée de cendres volcaniques noires et minée par de nombreuses rivières de fonte qui ressortent plus bas en cascadant entre des orgues basaltiques.

Les volcans les plus dangereux se cachent sous les glaciers, comme le Vatnajokül, le plus grand d'Europe constitué en fait de sept glaciers différents, recouvrant une superficie équivalente à celle de la Corse. Inutile de préciser qu'une éruption sous ce manteau glacé d'un kilomètre d'épaisseur entraînerait des bouleversements terribles. En 1996, l'un des volcans qui jouxte le Vatnajokül, s'est brièvement réveillé, fissurant la glace qui s'est instantanément mise à fondre au contact du magma. Un torrent d'eau tiède s'est alors précipité vers la mer avec un débit terrifiant, balayant tout sur son passage et notamment l'unique route côtière. Actuellement de mini éruptions ont lieu régulièrement, forant dans la glace des cheminées de plusieurs centaines de mètres de haut d'où s'échappent avec violence des colonnes de vapeur et de cendres dont le panache est visible à plusieurs kilomètres.

Le GRIMSVOTN est l'un des volcans sous glaciaire le plus dangereux du massif du VATNAJOkULL. Chacune de ses éruptions, en provoquant la fonte massive de la glace qui le recouvre, déclenche un "lahar". Un fleuve de boue et d'eau qui entraîne tout sur son passage, sur des kilomètres, avec une violence inouïe.

Un haut lieu du volcanisme

Le feu de la terre caché sous la glace est en quelque sorte une spécialité islandaise. Lorsque le Katla, aujourd'hui la plus grande caldeira du pays, entra en éruption, la fonte des glaces qui le recouvrait provoqua des coulées de boues d'une violence telle que leur nom islandais : "lahars" est passé au vocabulaire vulcanologique international. En 1996, le Vatnajokül (cité plus haut) saisi d'une quinte subite se livra au même sport. Résultat, lignes électriques, ponts, routes, tout fut balayé. Et le volcan n'a pas dit son dernier mot, puisqu'il tient en réserve quelques 36km2 sur 500m de profondeur d'eau liquide à 270°C maintenue en surébulition par une colossale pression.

Quant au Grimsvötn, non seulement il fait fondre périodiquement son glacier mais, lors de sa dernière crise, en 1996, il s'est débarrassé

Lors de l'éruption de 1973 à HEIMAEY, aux îles WESTMANN, transportées par avion des Etats-Unis d'énormes pompes ont déversé quelque 6 millions de m3 d'eau de mer sur la lave pour la refroidir et en détourner le cours, sauvant ainsi de la destruction un tiers de la ville.

d'un coup de l'eau encombrant son cratère, générant un torrent au terrifiant débit de 4500m3/seconde, précédé par une vague de trois à cinq mètres de haut, qui a lessivé tout sur son passage, emportant dix kilomètres de route, par chance dans une zone totalement déserte. Cette éruption est considérée comme la soixantième période d'activité du volcan en trois mille ans. L'analyse des cendres piégées dans les énormes blocs de glace libérés par le cataclysme montrent que ce fils de Vulcain obéirait à des cycles de cent trente ans environ, ce qui laisse aux hommes un certain répit.

Heureuse contrepartie de ces facéties tectoniques, les sources chaudes. L'Islande compte plus de mille points de géothermie dont bénéficie la quasi totalité de la population. Quatre-vingt six pour cent des besoins en chauffage et en eau chaude courante des ménages sont en effet satisfaits par l'exploitation de ces nappes portées à ébullition par la proximité du magma. En certains endroits, la température du sol augmente de un degré par mètre à mesure que l'on creuse. Commencée en 1930, la captation de ces fontaines de vapeur dont certaines affichent allègrement 240°C permet également d'alimenter des centrales

...suite p 23

Les géologues estiment à 270 millions de m3 émis en trois ans, le volume total de lave de basalte alcalin, mêlé de cristaux d'olivine, qui a permis à SURTSEY, dernière née des îles WESTMANN, d'émerger des flots il y a plus de quarante ans, par 63°18' de latitude Nord et 20°37' de longitude Ouest.

Le 14 novembre 1963, SURTSEY surgissait de l'océan, dans un panache de fumée et de vapeur expédié à 8000m d'altitude. La naissance de la petite dernière des îles WESTMANN n'est pas passée inaperçue ! En quatorze jours, elle avait déjà poussé de 140m au-dessus des flots. Trois ans plus tard, le sommet de son volcan, toujours actif, dominait de 480m la surface de l'eau.

Composé de plusieurs cratères en ligne, l'HEKLA est l'un des volcans les plus surveillés d'Islande. Il a alterné au cours de sa longue vie éruptive laves balaltiques et laves acides (andésite). Lors de l'éruption de 1991, qui a duré deux mois, son premier jet de cendre a fusé à 11,5km d'altitude et, le premier jour, l'émission de lave s'est faite au rythme de 800m3/sec. recouvrant au final quelque 23km2.

La petite mouche blanche (en réalité un avion de tourisme) qui se détache sur l'énorme masse de glace en train de s'effondrer du front de l'une des langues glaciaires du glacier VATNAJOKULL, donne une indication de l'ampleur des phénomènes naturels dont l'Islande est le théâtre permanent.

Le volcan KATLA, enfoui sous les glaces du MYRDALSJOKULL, est l'auteur de nombreux lahars (coulées de boues et de glace dévastatrices). Son activité souterraine constante, qui fait fondre sa carapace, donne naissance à de nombreuses rivières.

électriques, de chauffer plus de cent cinquante mille mètres carrés de serres où l'on produit légumes, fruits (dont des bananes et des agrumes) et fleurs et même de réchauffer les trottoirs de la capitale, afin d'éviter que la neige s'y installe ! Sans parler des piscines. Pas un village, bien souvent même pas une ferme isolée, qui n'ait son "hot spot" où l'on se délasse et papote dans la plus grande convivialité.

Résignés à cohabiter avec leurs volcans, les Islandais les surveillent avec beaucoup d'attention. L'Hekla est redouté pour ses jets de vapeurs toxiques et ses nuées de cendres qui ravagent périodiquement les patûrages et déciment le bétail. Ses coulées de laves régulières, épaisses et lentes viennent parfois frôler les fermes des vallées. L'Askja ne menace de son haleine et de ses cendres empoisonnées que le désert qui l'entoure sauf… si le vent souffle de l'ouest. Alors c'est toute la zone Est de l'île, fortement rurale, qui est menacée. Quant au Krafla, géant qui jongle avec de lourds blocs de braises et répand volontiers sa lave, il peut à tout instant détruire les nombreuses usines géothermiques qui l'entourent. Une perspective qui n'affole pas les responsables, résignés et philosophes. C'est que les Islandais en ont vu d'autre.

La mauvaise réputation du LAKI remonte à 1793 quand, crachant des cendres de toutes ses bouches, il obscurcit le ciel d'une partie de l'Europe. Son éruption fut ressentie jusqu'en France. Les conditions climatiques de cette région sont pour le moins sévères. C'est avec peine que le mercure y dépasse 2° en juillet-août.

Laki, le volcan tueur

La plus terrible éruption, sur cent vingt répertoriées depuis les années 870, concerne le Laki et remonte à 1783. Ses effets furent si terribles que son nuage de cendres obscurcit jusqu'au ciel de France. Situé dans le Sud-Est de l'île, le Laki, début juin de cette année là, commença par faire trembler la terre jour et nuit, contraignant les habitants à fuir leurs villages. Il empoisonna de soufre la rivière Skafta avant d'émettre un nuage noir qui se transforma bientôt en une sombre pluie de cendres. Le 13 juin, son flanc se fissurait, les jets de scories et de fumée délétères qu'il envoie alors tuent les oiseaux, gênent la respiration des humains, dessèchent irrémédiablement les herbages. Les premières coulées de lave ravagent des fermes. Tout l'été, les émissions de magma en fusion se multiplieront, faisant disparaître ici les rivières, provoquant là des inondations. La terre continuera de trembler jusqu'en novembre. Lorsque les derniers feux du Laki s'éteignirent en février 1784, le bilan était désastreux. Outre les 565km2 recouverts de lave, et les 8000km2 noyés sous un tapis de cendres méphitiques, le réchauffement du sol combiné à la fonte de la neige avait déclenché de terribles coulées de boue qui ont perturbé le cours des rivières jusqu'à la fin 1785. Les gaz émis, ramenés au sol par la pluie, avaient provoqué la mort des trois quart des moutons et des chevaux, de la moitié des bovins, entraînant une terrible famine qui frappa à son tour les habitants, déjà éprouvés par la perte de nombreuses maisons. A cette catastrophe vinrent s'ajouter des épidémies de peste et de variole qui, tout confondu, amenèrent la population islandaise au seuil critique de quelque 38 000 habitants en 1785. On peut encore voir la trace de ce cataclysme dévastateur : une cicatrice de vingt cinq kilomètres de long, ponctuée de cent-trente cinq petits cratères d'une centaine de mètres de haut chacun, et, visible même pour des non spécialistes : le détournement du cours des rivières et le bouleversement du relief des vallées comblées par la lave.

Un spectacle qui fait froid dans le dos, bien qu'aujourd'hui, dans des circonstances identiques, les conséquences, humaines en tout cas, ne sauraient être les mêmes. La naissance, en 1973, par exemple du volcan Kirkjufell à proximité du petit port de Heimaey, dans les îles Westmann, a été parfaitement gérée. Dès les premières pluies de cendres, l'émission de gaz asphyxiant et l'apparition des fontaines de lave, une chaîne de solidarité a permis en quatre heures l'évacuation des 5237 habitants, du bétail, des voitures, des stocks de poissons surgelés et de l'essentiel du matériel des usines de traitement des pêcheries. Faisant preuve d'un sang froid exemplaire, les Islandais sont même parvenus à sauver le port et les deux tiers des maisons de la coulée de lave visqueuse qui menaçait de les engloutir. Pendant des jours, d'énormes pompes, envoyées par les Etats-Unis, ont arrosé la langue de feu avec de l'eau de mer, au rythme ahurissant de 4500 tonnes à l'heure. Première mondiale, non seulement la lave s'est détournée de son cours, mais la masse restée figée a fini par constituer un véritable mur qui, aujourd'hui, protège le port des tempêtes ; lequel a rapidement retrouvé ses habitants et son activité.

Choisie par les Islandais au Moyen Age pour y réunir chaque été leur parlement, l'Athing, la faille de THINGVELLIR disparaît l'hiver sous la neige. Orientée parallèlement au rift (Sud-Ouest / Nord-Est), ce graben d'effondrement est toujours soumis à une importante activité tectonique.

Sous des dehors paisibles, la "montagne de feu", ELDFELL (aussi nommée KIRKJUFELL "la montagne de l'église") sur HEIMAEY, l'une des îles WESTMANN, s'était tenue tranquille pendant 5000 ans. Des filets de vapeur émanent encore, de son sol resté chaud depuis sa dernière éruption, il y a trente ans.

Un temps pour le moins instable

Le sous-sol n'est pas la seule "zone de conflits" en Islande. A la croisée des courants marins polaires venus du Groënland et du chaud Gulf Stream, le pays bénéficie paradoxalement d'un courant océanique tempéré : doux l'hiver (seul le haut plateau désertique de l'intérieur de l'île affiche des températures moyennes entre -5 et -15°C, et frais l'été (12 toujours en moyenne avec des pointes à 20°C). Une harmonie troublée toutefois par les flux d'air froid en provenance de l'Arctique, qui se heurtent aux masses humides et chaudes remontant des Tropiques. D'où ce que les météorologues appellent pudiquement un temps variable, illustré par le dicton "si vous n'aimez pas le temps qu'il fait, attendez une minute". Et s'il pleut à l'ouest (la côte la plus pluvieuse où tempêtes et bourrasques peuvent durer plusieurs jours), on peut toujours se réfugier à l'est (côte réputée plus clémente). Tout en sachant qu'une journée d'été "normale" offre généralement une palette variée, composée de pluie, de vent et de soleil. L'été du moins, qui commence début juillet pour s'achever à la mi-août. Durant les mois du très long hiver l'Islande s'enfonce dans la nuit et la grisaille avec trois heures de "jour" seulement de novembre à février. Des périodes anticycloniques offrent toutefois régulièrement des ciels parfaitement dégagés où ondulent, la nuit, les aurores boréales.

◂◂ *Vu de la mer, le MYRDALSJOKULL cache bien son jeu. Parcouru de frissons sismiques de faible profondeur (entre 0 et 30m.), il abrite un groupe de volcans très actifs, dont le terrible KATLA. Ses éruptions sont toujours précédées de séismes dont la magnitude se situe autour de 5 sur l'échelle de Richter.*

◂◂ *Au Sud-Ouest de l'Islande, dans la péninsule de REYKJANES, le lac KLEIFARVATN, noyé dans des brumes quasi constantes et situé au cœur d'une zone de géothermie intense, abrite sur ses rives une mousse rare : la mousse épée.*

Le massif du VATNAJOKULL est particulièrement inhospitalier. S'y déplacer est très difficile, même au volant d'un 4X4. Les pistes suivent le plus souvent les plaines d'évacuation glaciaires où les torrents constituent des réseaux instables aux crues imprévisibles.

*Le lac MYVATN,
quatrième du pays,
est sans doute le plus visité
par les Islandais et les touristes
étrangers. Il offre une très grande
diversité de paysages.
Alimenté par la rivière KRAKA
et de nombreuses sources,
il se déverse dans l'Océan Glacial
Arctique par la LAXA.*

Le vent qui souffle bien souvent avec rage (70km/h, 199 jours par an aux îles Westmann), est plus encore que le froid, responsable de la pauvreté de la végétation actuelle. Si la déforestation pour satisfaire à l'installation humaine et la surexploitation des pâturages par les moutons ont eu raison des forêts qui couvraient 25% du pays à l'arrivée des Vikings, ce sont bien les conditions climatiques qui handicapent les actuelles campagnes de reboisement.

Il y a bien longtemps, avant les épisodes de glaciations (dont le dernier eut lieu en 500 avant notre ère), l'Islande était couverte de grandes forêts de pins, d'aulnes et de bouleaux. Ces derniers ont maigrement survécu, sous une forme rabougrie que les Islandais nomment "bouleau tortueux" ou nain, c'est dire. Généralement de la taille d'un buisson, ils peuvent exceptionnellement atteindre 10 mètres de haut. Les lichens et les mousses, en revanche, trouvent dans les laves un support de choix et résistent parfaitement aux averses glacées comme aux bourrasques. Au point que les spécialistes en ont dénombré plus de mille espèces. Illustration du manque d'arbre en Islande, cette blague qui en dit long et sur l'état de la végétation et sur la propension à l'ébriété des Islandais : "Que fait un Islandais, lorsqu'il se rend compte qu'il est perdu en forêt ? Il se lève".

UNE HISTOIRE DOULOUREUSE

L'arrivée des Vikings

Est-ce l'avènement d'Harald à la Belle Chevelure à la tête du royaume de Danemark qui provoqua l'exode de certains chefs peu soucieux de partager leur pouvoir avec ce nouveau souverain. Est-ce, ainsi que le prétendent certains démographes, un simple phénomène de surpopulation qui provoqua l'exil d'une poignée de grandes familles ? Nul ne connaît la réponse. Une chose est sûre, c'est vers 870 que les premiers Vikings débarquèrent en Islande. Les Sagas offrent des versions légèrement différentes, mais toutes s'accordent sur l'identité des premiers occupants : Ingolfur Anarson, sa femme Hallveig Frodadottir et le frère de lait d'Ingolfur : Hjörleifur Hrodmarsson, tué peu de temps après son installation par ses esclaves irlandais. Ces premiers arrivants firent fuir les quelques ermites, Irlandais eux aussi, qui avaient pris l'habitude de se retirer sur ces terres austères pour y méditer. Baptisée Ultima Thulé, terre la plus septentrionale du monde connu des Romains, désignée comme les "confins de l'Enfer" par Saint Bredan qui l'aurait redécouverte au VIème siècle, l'Islande avec un climat plutôt tempéré et les 11% de sa surface occupée par des glaciers ne semble pas vraiment mériter son nom de "terre de glace". Attribué un peu vite par un navigateur qui s'était contenté d'y débarquer brièvement et de croiser des restes d'icebergs au large de ses côtes, probablement apportés par le courant groënlandais.

Les textes anciens décrivent pourtant l'île avec insistance tantôt comme "le pays des glaces", ou le "pays des neiges". Pour les Vikings au contraire, c'est "le pays du beurre, où l'herbe était si grasse qu'elle exsudait du beurre "... Le moins que l'on puisse dire est que les nouveaux arrivants ne manquaient pas d'imagination ! Seule certitude, le climat à l'époque était relativement doux et les arbres nombreux. Dans un premier temps, quatre cents familles Viking nobles s'installent, important chevaux et bétail. Elles trouvèrent rapidement un espace à leur mesure, sur lequel elles vivaient en complète autarcie, chaque chef édictant ses propres règles. La nécessité d'édicter des lois communes et de ménager une cohabitation harmonieuse entre les clans devait donner naissance à une organisation extrèmement originale : l'Althing, le plus vieux parlement du monde.

La force de la loi

Cette assemblée démocratique siégeait chaque année en plein air, sous la responsabilité d'un chef élu pour trois ans, à Thingvellir, au moment du solstice d'été. Durant quinze jours y étaient débattus tous les problèmes, notamment juridiques, du pays. Au final, c'est face à une paroi de lave à l'acoustique exceptionnelle, qui permettait à tous les participants d'entendre, que "la loi était dite". Le choix de cet endroit n'était pas innocent, c'est en effet à Thingvellir que passe la faille (que l'on peut voir, sous la forme d'une sorte de gorge emplie d'eau)

◂◂ Il faut deux jours pour faire à pied le tour du lac MYVATN, considéré depuis toujours comme un sanctuaire pour les animaux sauvages qui n'y ont jamais été chassés. On y trouve l'une des rares forêt islandaise, essentiellement peuplée de bouleaux tortueux, de saules laineux et d'arbustes nains.

La péninsule de TJORNES est réputée pour ses falaises, hautes de 60 m composées de strates de coquillages fossiles. Toute proche, la crête de HALLBJARNARSTADAKAMBUR est quant à elle constituée de couches de mollusques fossilisés il y a environ deux millions d'années.

On vient de toute l'Islande retrouver ses racines vikings tous les deux ans, à la Saint-Jean, lors du festival d'HAFNARFJORDUR. Tous les Islandais, même les plus jeunes, sont friands de ces retours aux sources et connaissent parfaitement les principaux héros et épisodes des grandes Sagas.

qui sépare les plaques continentales. Un site hautement symbolique. Chaque session était l'occasion pour les clans de se rencontrer, de nouer des alliances, de conclure des mariages, d'échanger des terres, de vendre du bétail. Un exercice indispensable pour un pays de 35 000 habitants qui, en 930, ne comptait ni ville, ni village et pourtant mille familles.

Les quelques missionnaires catholiques qui débarquèrent épisodiquement au long du Xème siècle n'eurent guère de succès auprès des Vikings, fervents adorateurs de leurs nordiques divinités : Odin, Thor, géants, elfes et autres créatures maléfiques ou bénéfiques. Grands commerçants, les Vikings avaient toutefois de fréquents contacts avec le monde du christianisme et acceptaient sans réticence une sorte de pré-baptême exigé par les hanses chrétiennes pour avoir le droit d'exercer leur commerce.

Il fallut, en 999, les menaces du roi de Norvège Olaf Ier, liées à des luttes de pouvoir entre les chefs claniques, pour que le catholicisme devienne la religion officielle par une conversion générale, approuvée par l'Althing. Sans que pour autant les anciens dieux soient, dans un premier temps, totalement abandonnés. Ce n'est qu'en 1016 que le culte païen sera interdit. Le premier évêque est nommé en 1056, puis un second évêché est créé en 1106. Sous l'influence chrétienne, l'esclavage sera aboli.

Commence l'âge d'or islandais qui durera cent cinquante ans environ, à l'heure où l'Europe pataugeait encore dans l'obscurantisme. Cette période voit éclore les monastères, le premier est fondé en 1133 à Thingeyrar. C'est dans ces monastères, ou sous leur influence, que furent rédigés l'essentiel des grands manuscrits médiévaux des Sagas. Originalité du christianisme islandais, il ne pratiqua jamais le latin, mais les prêtres imposèrent l'alphabet romain, ce qui permet aux Islandais d'aujourd'hui de lire sans problème les grands récits

...suite p 38

Tous les deux étés, le festival d'HAFNARFJORDUR est l'occasion pour les Islandais de renouer avec leur passé viking. Outre les exhibitions de groupes folkloriques en costumes d'époque (à gauche), des démonstrations techniques sont organisées par des artisans (ci-contre) qui font ainsi resurgir le génie de ce peuple de navigateurs, premiers découvreurs de l'Amérique.

On dit que c'est pour ses propriétés acoustiques exceptionnelles que la faille de THINGVELLIR fut choisie, en 930, par les "godars", chefs des clans vikings islandais, pour y tenir leur parlement annuel. Outre le vote de nouvelles lois, cette réunion était l'occasion de prononcer les sentences de mort, exécutées immédiatement (décapitation pour les hommes et noyade pour les femmes).

La surprenante architecture de l'église HALLGRIMSKIRJA domine la vieille ville de REYKJAVIK. Entièrement construite en basalte, en 1986, elle est censée incarner l'essence des paysages islandais, des glaciers aux orgues basaltiques. Du haut des 75m de sa flèche, la vue est superbe sur la capitale et la péninsule de SNAEFELLNESS.

historiques anciens. Si l'écriture et la diffusion des sagas furent encouragée par l'église, c'est qu'elle qui y voyait un loisir populaire beaucoup moins pernicieux que la danse par exemple.

Pays jeune, l'Islande du XIIè siècle se souvenait parfaitement de ses premiers habitants, ainsi, l'une des sagas : le Landnamabok répertorie les quatre cents premières installations, par district, une mine pour les historiens. De plus, pays égalitaire, sans roi ni vraie hiérarchie, l'Islande accueillait sur les bancs de l'école tous les enfants ou presque, même les filles. Cette population éduquée prenait donc plaisir à lire et à écrire. Une tradition qui s'est perpétuée de nos jours puisque l'on dit "qu'une moitié des islandais écrit pour l'autre" et que publier est quasiment un devoir national.

Le bonheur perdu

Au milieu du XIIè siècle les affrontements entre les grands familles se multiplient. Cette situation de quasi guerre civile provoque l'intervention du Roi de Norvège qui profite en outre de l'affaiblissement de l'Althing, incapable de régler ces conflits internes. Il obtient dans les années 1264 la soumission de l'Islande à la couronne norvégienne, avec le soutien de l'Eglise qui y voie une chance de pacification. Opération menée d'autant plus facilement que l'île, exagérément déboisée, avait laissé décliner sa flotte marchande et était en voie d'appauvrissement. Une erreur stratégique terrible. Progressivement les Norvégiens vont mettre le pays en coupe réglée. Non seulement en substituant leurs institutions à celles de l'Althing, mais en levant des impôts dont la charge ne cessera de croître. Les gouverneurs royaux se révélèrent par ailleurs incapables de tenir leurs engagements de pourvoir aux besoins du pays, qui déjà importait l'essentiel de ses denrées de première nécessité. Même le vin de messe manquera.

Cette soumission était la première étape de ce que les Islandais nomment "la longue nuit". Cette période de misère et de déclin d'une société originale, extraordinairement égalitaire et cultivée, durera plusieurs siècles. Et comme un malheur n'arrive jamais seul, un refroidissement sensible du climat et de terribles éruptions volcaniques viendront s'ajouter aux difficultés politiques et économiques. Enfin, l'épidémie de peste noire tuera les deux tiers de la population.

Par le jeu des héritages dynastiques, l'Islande devient en 1380 une province danoise. La situation des Islandais empire. Quand le Danemark reprend pour son compte le commerce, les Islandais privés de flotte marchande sont interdits de tout échange et doivent alors acheter au prix fort les denrées indispensables, tandis que leur poisson, peaux tannées et soufre sont payées à un prix ridiculement bas par les Danois. En prime, une première éruption du volcan Hekla, en 1389, donnera naissance à un nuage de poussière si dense que le ciel du Sud de l'île en restera assombrit pendant des mois et que durant plusieurs semaines les pêcheurs ne pourront sortir en mer.

Le ciel islandais s'obscurcit encore avec l'introduction du protestantisme. En dépit de la résistance catholique, en 1541, le roi du Danemark, lui-même fraîchement converti, envoie deux navires chargés de troupes en Islande, avec mission d'y imposer la Réforme. L'évêque du plus important diocèse est arrêté et expédié au Danemark (où il mourra un an plus tard), ses ouailles effrayées adoptent le nouveau culte. Neuf ans plus tard, après la décapitation du dernier évêque récalcitrant, l'ensemble du pays a basculé. Le roi du Danemark en profite pour faire main basse sur les avoirs de l'Eglise catholique et ferme les monastères.

La population est exsangue. Le déclin intellectuel total. En 1627, les Arabes se mettent de la partie. Ils débarquent, pillent, tuent, et

Capables de s'adapter aux pires conditions climatiques, les Islandais sont de vrais amoureux de la nature et savourent le charme de chaque saison avec un égal bonheur.

s'acharnent sur l'île de Heimaey d'où ils repartent avec deux cent quarante-deux captifs, dont treize seulement reviendront, cinq ans plus tard.

L'avènement en 1643 de Frédéric III, qui instaure la monarchie absolue au Danemark, aggrave encore la situation et l'Islande sombre inexorablement dans la misère. Les Danois poussent très loin l'art de l'étouffement économique en interdisant même aux districts de commercer entre eux. Epidémies, séismes, nuées ardentes, éruptions volcaniques, dont celle du Laki en 1783 (voir page 24) jalonnent le XVIIIè siècle, sans doute le plus noir de l'histoire islandaise. Les Islandais affamés pratiquent une contrebande active avec l'Angleterre, échangeant poisson contre céréales et matériel de première nécessité au péril de leur vie. En 1801, c'est le coup de grâce, l'Althing est dissout et remplacé par une cour d'appel danoise installée à Reykjavik, qui ne compte plus alors que 300 habitants. Il ne restait plus rien de l'Islande inventive et prospère du Moyen Age.

Une lente reconquête

Il fallut attendre les années 1830 pour que les Islandais relèvent la tête et engagent le combat qui devait leur rendre la liberté. Ce sera d'Islandais partis étudier au Danemark que viendront les idées neuves : libérales et nationalistes. Leur voix est suffisamment forte pour qu'on leur octroie en 1843 deux sièges dans l'Assemblée des Iles. Une mesure jugée insuffisante par les contestataires du pouvoir royal qui plaident pour la restauration de l'Althing et l'émancipation, sous la houlette de Jon Sigurdsson. Cet Islandais qui passa toute sa vie à Copenhague et quelque mois d'été seulement dans son pays d'origine, est considéré comme un héros national. D'autant que c'est lui qui convainquit, en 1843, le roi Christian VIII de rétablir l'Althing (comme assemblée consultative seulement). Son successeur abolit enfin le monopole royal du commerce.

Deux rois plus tard, l'année du millénaire de l'occupation danoise, en 1874, l'Islande se voyait accorder sa première constitution. Même si le pouvoir exécutif restait entre les mains du roi, c'était une extraordinaire bouffée d'oxygène, dont les effets se firent rapidement sentir. En moins d'un siècle, la population allait plus que doubler, celle de la capitale passer de 300 à près de six mille habitants. Enfin, en 1904 l'Islande obtenait son autonomie interne avec un parlement et un premier ministre. Il ne restait plus qu'à gagner la dernière manche, celle de l'indépendance. Lors de la deuxième Guerre Mondiale, l'occupation allemande du Danemark, et l'installation d'une base anglaise puis américaine sur le sol islandais, provoqua naturellement la rupture de la relation de sujétion entre l'Islande et son tuteur, faisant ainsi le bonheur des Islandais. Le 17 juin 1944, la République était proclamée à Thingvellir, là où siégeait l'ancien Althing, et le premier président bientôt élu.

HOTEL BORG

◂◂ Véritable héros national islandais et en quelque sorte "père de la nation", Jon Siggurdson (1811-1879), journaliste et essayiste très apprécié du roi du Danemark, Christian VIII, obtint de celui-ci le rétablissement de l'assemblée de l'Althing (à titre consultatif dans un premier temps).

◂◂ En Islande, le sentiment nationale est très fort et la Fête Nationale, le 17 juin, donne lieu à toutes sortes de festivités, notamment à THINGVELLIR où sont organisés chaque année des spectacles traditionnels en plein air, auxquels assiste une foule nombreuse.

La société islandaise est particulièrement tolérante. Les mères célibataires sont très nombreuses et non seulement acceptées mais souvent admirées. Conclusion logique, les enfants sont rois. Ce qui n'exclut pas qu'on leur demande très jeune de participer à l'effort national, via des tâches d'intérêt général.

L'ISLANDE AUJOURD'HUI

Au lendemain de la proclamation de son indépendance et de la République, l'Islande part à la conquête de la modernité. Sa population de 80 000 habitants, à une écrasante majorité rurale, vit selon les règles d'une économie de subsistance. Le réseau routier est inexistant. Les communications entre les villes se font par bateau, avec les aléas que l'on peut imaginer en hiver. Les maisons traditionnelles aux "toits prairies" sont légion et l'église luthérienne reste très influente.

En soixante ans, le nombre d'Islandais va plus que tripler. L'effectif des agriculteurs lui diminuera, puisqu'ils constituent maintenant moins de 10% de la population. C'est grâce au développement de la pêche qu'une politique d'importations massives a pu être menée, apportant un confort de vie remarquable à une population de plus en plus urbaine et jeune. Et les Islandais travaillent dur, très dur, pour étancher leur soif de biens de consommation. Aujourd'hui encore, la semaine de cinquante heures est la règle, tout comme le cumul des emplois. Ce qui n'empêche pas les Islandais de bénéficier de l'espérance de vie la plus élevée d'Europe. Sans doute parce qu'ils sont les héritiers des "bœndr", ces "paysans propriétaires libres qui formaient l'âme de la société scandinave ancienne, personnages à la trempe peu commune qui connurent par la force des choses une sévère sélection naturelle" comme le note l'historien Régis Boyer.

Une performance pour un peuple arraché brusquement à la misère par l'industrialisation de la pêche. Vedette de la scène économique, entre 1950 et 1970, le poisson, (pêche et transformation de ses produits), finançait 95% des importations dans les années 70. Aujourd'hui, il en supporte encore 75%, et les Islandais disent volontiers aux étrangers, gênés par l'odeur, qui froncent le nez en visitant une usine de transformation : "mais non ça ne sent pas mauvais, c'est notre pain". Un pain

férocement défendu. Les ressources halieutiques de l'Islande étant très convoitées par les pays voisins. Pour protéger leurs "champs de pêche" les Islandais n'ont pas hésité à employer la manière forte. Et s'ils refusent encore d'intégrer l'Europe c'est pour rester maîtres de leur domaine maritime. L'Islande, pays neutre, n'a d'ailleurs pas d'armée mais deux cents garde-côtes chargés de surveiller ses eaux territoriales.

La guerre de la morue

Depuis le XVIème siècle au moins, les eaux extraordinairement poissonneuses de l'Islande ont excité la convoitise des pêcheurs, anglais notamment. Aussi ont-ils vu d'un très mauvais œil les Islandais protéger leur domaine maritime et décider unilatéralement d'étendre leur zone exclusive de pêche à 12 milles (22km) des côtes en 1958, puis à 50 milles en 1972, et enfin à 200 milles. Destruction de filets, abordages, envoi par le fond d'un chalutier britannique ont constitué les principaux épisodes de cette

...suite p 46

Les longues nuits d'hiver (2 à 3 heures de clarté par jour en décembre et janvier) sont souvent illuminées d'aurores boréales. Un spectacle féerique provoqué par la rencontre entre le vent solaire et le champ magnétique terrestre qui se manifeste par l'apparition d'une sorte de voile coloré luminescent, ondulant dans le ciel.

La nuit, en fin de semaine, les lumières de la ville attirent irrésistiblement les jeunes. Filles et garçons déferlent dans les pubs et les cafés pour des soirées généralement très arrosées qui ne prennent fin qu'au petit matin.

Si la congélation est largement utilisée depuis 1937 dans le traitement du poisson, le séchage à l'air libre reste pratiqué. Stérilisées par le froid, les morues sèchent en moins d'un mois, tandis que la chair de requin, reste pendue à l'air libre pendant cinq semaines au moins avant d'être proposée à la vente.

guerre en plusieurs étapes, heureusement sans morts à déplorer. La marine de sa Très Gracieuse Majesté, dépêchée pour protéger la flottille de pêche anglaise dut baisser pavillon devant les bateaux islandais, maniables et effrontés qui harcelaient les bateaux anglais et notamment coupaient filets et câbles avec d'énormes cisailles aujourd'hui fièrement exposées au Musée National.

L'affaire alla quand même jusqu'à la rupture des relations diplomatiques entre les deux nations. Après négociation, en 1976, les Islandais triomphants restèrent maîtres de leurs eaux et de leurs poissons, qui constituent le ressort commercial de leur économie. Soucieux de protéger l'avenir, ils se sont eux-mêmes imposé des règles très strictes. Ainsi la pêche au hareng, qui jusqu'en 1967 constituait la prise la plus importante avec 700 000 tonnes annuelles, a-t-elle été suspendue plusieurs années. Des quotas de pêche, strictement respectés, sont fixés pour toutes les espèces de poisson depuis 1984. Avec des conséquences non négligeables pour l'économie islandaise. La limitation des quantités de morue pêchée en 1991 avait à l'époque fait doubler le chômage. Cette courageuse démarche écologique est le résultat d'une dure leçon, dont l'histoire exemplaire de Siglufjördur est un douloureux chapître.

Très soucieux de protéger la pêche qui assure une part très importante de leurs ressources, les Islandais se sont imposé des quotas de pêche strictement observés, concernant notamment la morue, dont les bancs menaçaient de disparaître.

Jusqu'aux années cinquante, la pêche était presque toujours miraculeuse en Islande (ici débarquement d'une cargaison de harengs au port de Reykjavik). Aujourd'hui, on se soucie davantage de protéger et de gérer au mieux les ressources halieutiques afin de ne pas les épuiser.

Si les méthodes de conservation ont évolué (ici mise en barrique de saumure, à la main, de filets de harengs), la pêche reste l'activité essentielle d'HUSAVIK. Quand on arrive par la route à ce charmant petit port de 2500 habitants, son approche est signalée par les grands séchoirs où cliquettent les dépouilles de morues.

A la fin du XIXème siècle, ce petit port coquet, bien à l'abri aux creux d'un fjord de sept kilomètres de long, vivait modestement de la pêche au requin, assurée par une douzaine de bateaux à voile. L'huile, extraite des foies, était revendue au Danemark pour alimenter l'éclairage public. En 1903, la modernité atteint Siglufjördur sous la forme d'une flottille de bateaux à moteur danois. Devenu l'un des plus importants ports de pêche du pays, baptisé le Klondike de l'Atlantique, en raison des fortunes qui s'y faisaient en une saison à traquer les bans de harengs, il totalise plus de 3000 habitants en 1950. Les bateaux se font de plus en plus performants et ... les mauvaises campagnes de pêche se succèdent. En 1960, les prises deviennent misérables. En 1968, elles sont nulles. Il faut se faire une raison, trop pêchés, les harengs ont tout simplement disparu. De l'aventure du hareng, il ne reste plus qu'un charmant musée, installé dans un "brakki" aux murs de tôle peints en rouge (un ancien bâtiment qui servait à la fois d'entrepôt et d'atelier de traitement du poisson). La population, que la pêche à la crevette ne suffit plus à nourrir, décroît inexorablement et Siglufjördur vit aujourd'hui de ses souvenirs et des aides de l'Etat qui tente de rendre à la petite cité un peu de la richesse qu'elle a donné à son pays.

La délicate question de la baleine

Ecologistes par nécessité et par amour indiscutable de la nature, les Islandais ont été mis aux ban des Nations en 1996 par leur refus d'adhérer à l'interdiction de chasser les baleines. Une bien curieuse histoire. La position islandaise est en effet pour le moins complexe. Historiquement, les baleines échouées ont représenté, dans les siècles passés, de véritables aubaines pour des populations vivant à la limite de la famine. En islandais c'est le même mot : "hvalreki", qui désigne une baleine échouée, une aubaine ou une manne. Quand, à la fin du XIXème siècle, les premières expéditions de chasse ont commencé, leur produit a fait la fortune des baleiniers danois et des ports islandais qui s'en étaient fait une spécialité. Dans les années 1910, le nombre de prises annuel s'élevait à 18 000 cétacés.

Le constat mondial du risque d'extinction des baleines et la création de la Commission Baleinière Internationale qui a provoqué une limitation progressive à partir de 1986, puis l'interdiction totale de la chasse à la baleine en 1992, a fait scandale en Islande. Bien que la plupart des espèces de grands cétacés ne se soient toujours pas remises de l'exploitation abusive dont elles ont été victimes, et que de nouvelles menaces pèsent sur leurs effectifs (pollutions chimiques et sonores des océans), quelques pays, tels le Japon et la Norvège, continuent de les chasser sous couvert de recherche scientifique. L'Islande, qui se veut un modèle écologique, sans avoir ratifié le traité, avait cessé toute activité baleinière jusqu'au 15 juillet 2003. A cette date, le Ministère des Pêcheries a autorisé l'abattage de 500 petits rorquals en deux ans. Comme ses homologues, le gouvernement islandais justifie ce revirement par des raisons scientifiques. Ces prélèvements seraient le seul moyen d'étudier le régime alimentaire des cétacés, en examinant le contenu de leur estomac, et permettrait de connaître plus précisément les ressources islandaises en poissons. Une affirmation jugée sans fondement par les écologistes.

Quelle que soit l'issue de ces luttes d'influence, la majorité des bateaux baleiniers se sont déjà reconvertis en embarcations de promenade pour les touristes qui viennent par millier observer les baleines. Le retour largement médiatisé de l'orque vedette du film "Sauvez Willy" dans ses eaux de naissance à contribué au changement des mentalités. De plus, l'exploitation touristique des cétacés promet d'être aussi rentable, voire davantage que la chasse, le danger en moins et la bonne conscience en prime. Cette conversion au tourisme n'est d'ailleurs pas un hasard. Les Islandais cherchent par tous les moyens à diversifier leurs activités et à financer leurs importations par d'autres ressources que la pêche.

L'héritage Viking

Avec le plus haut niveau de vie européen, les Islandais caracolent en tête de la protection sociale, pour laquelle ils acceptent de payer sans sourciller des impôts très élevés. C'est que le principe de solidarité est ancré dans leur système depuis des siècles. Les Vikings avaient développé un principe d'entraide grâce auquel aucun miséreux n'était abandonné, reposant sur un jeu de responsabilité collective : obligation familiale et aussi paroissiale d'assister et de porter secours. En contrepartie de cette protection, les hommes ne pouvaient se marier s'ils n'avaient pas les moyens de subvenir aux besoins d'une famille. Quant aux pauvres, la mendicité leur était interdite et ils étaient tenus d'accepter toutes les tâches qui pouvaient leur être confiées pourvu qu'ils en aient les possibilités physiques. Gare en revanche au vagabond, au malhonnête ou au paresseux qui pouvaient recevoir de terribles châtiments. De la castration au bannissement.

1073

REYKJAVIK est sans doute
la seule ville à pouvoir compter
parmi ses oiseaux familiers
le sterne arctique.
Les promeneurs qui empruntent
l'allée qui borde le lac TJORNIN
peuvent dès le printemps
observer ses ébats et admirer,
en toile de fond,
la LISTASAFN ISLANDS
ou Galerie Nationale, installée
dans d'anciens entrepôts à glace.

◂◂ *Les marins Islandais
sont réputés sortir
par tous les temps,
comme en témoigne
ce chalutier pris dans la tempête
et qui n'en continue
pas moins sa campagne.
Même si les bateaux
sont devenus plus confortables,
le métier de marin pêcheur
reste extrêmement éprouvant
et dangereux dans ces zones
sub-arctiques.*

Chaque été, les Islandais sont très nombreux à sillonner les routes de leurs pays et à en apprécier les curiosités géologiques. Dans les zones de sources chaudes, ils s'arrêtent à la moindre occasion pour se tremper avec délices dans les rivières ou les sources affichant allègrement 45° (ici dans la rivière LANGARVELLIR, au nord du massif du VATNAJOKULL).

Cette dernière condamnation considérée comme l'une des pires, obligeait le banni à chercher refuge à l'intérieur de l'île, sans aide, seul pour affronter le terrible hiver. Héritage paradoxal de cette pratique ancestrale, les Islandais sont assez démunis face à la délinquance, heureusement faible. Ils mettent par ailleurs un point d'honneur à recourir le moins possible aux aides de l'Etat. Les adolescents, dès l'âge de quatorze ans sont vivement encouragés à occuper leurs vacances en petits boulots voire en travaux d'intérêt collectif.

Autre leg Viking, au combien précieux : l'Islandais. Descendant en ligne directe du "norrois", c'est l'une des plus vieilles langues européennes. Considérée comme un des aspects forts de l'identité islandaise elle est restée quasiment inchangée depuis mille ans. La raison tient essentiellement à l'occupation danoise qui a étouffé le pays dans un véritable étau, interdisant tout échange avec l'extérieur et donc, paradoxalement, toute pollution linguistique.

Les Islandais, qui ne sont jamais soumis à l'occupant et ont donc rejeté son langage, sont très fiers de leur langue qu'ils protègent âprement. Plutôt que d'adopter des mots étrangers, en dépit d'une pratique courante de l'anglais par l'ensemble de la population, ils s'acharnent à en créer de nouveaux avec ceux de leur langue, quitte à user de néologisme parfois surprenants. Des commissions académiques travaillent d'arrache pied à inventer un vocabulaire qui ne doit rien au latin, ni au grec, ni à personne d'ailleurs. Ainsi "tölva", qui signifie ordinateur a été crée comme la concaténation de "völva" qui signifie oracle (au sens divinatoire) et de "tölur", nombres. Ou encore "simi", fil, est devenu téléphone, abréviation de "talsimi", fil pour parler. La création de ces nouveaux mots donne lieu à des débats passionnés aussi bien dans la presse que dans les conversations quotidiennes. "Notre langue, c'est notre richesse, explique l'écrivain Svein Sigurdson, nous n'avons bâti ni palais, ni cathédrales, car notre terre est trop instable. Nous avons choisi de tailler la langue plutôt que la pierre, nos écrits sont nos monuments".

Les noms d'usage n'ont pas été épargnés par le conservatisme forcené engendré par la "longue nuit". Comme au temps des Vikings, les Islandais se désignent par leur prénom et le prénom de leur père, auquel est ajouté "dottir" si l'on est une femme, et "son" si l'on est un homme. Un vrai casse-tête pour les éditeurs d'annuaires téléphonique qui n'ont trouvé d'autre parade que d'accoler la profession aux prénoms de leurs abonnés. Toutefois, les Islandais ne sont pas conservateurs dans tous les domaines, et les femmes qui jouissaient d'un statut exceptionnel au temps des Vikings figurent au premier rang des européennes d'aujourd'hui.

La force des femmes

La nouvelle a fait la une des journaux du monde entier, quand, en 1980, les Islandais furent les premiers à élire une femme Présidente de la République : Vigdis Finnbogadottir. Qu'ils réélirent ensuite trois fois. Et sa carrière à la tête de l'Etat aurait sans doute continué si elle n'avait décidé de se retirer pour convenance personnelle. Habituées à veiller seules sur la destinée de vastes domaines pendant que leurs maris étaient partis commercer, guerroyer, pêcher, les femmes islandaises ont toujours été considérées comme des partenaires à part entière par les hommes. Propriétaires de leur dot, à l'époque Viking, elles conservaient également le douaire apporté par leur mari même en cas de divorce. Divorce dont elles pouvaient d'ailleurs faire la demande en cas d'injure grave ou d'impuissance du conjoint. Quant au viol, il était puni de mort.

Héritières des femmes de Vikings qui devaient diriger de grands domaines durant les longues absences de leurs maris navigateurs, les Islandaises ont longtemps eu leur propre parti politique et les plus hautes fonctions de l'Etat leur sont largement ouvertes.

Aux temps modernes, les Islandaises furent parmi les premières à obtenir le droit de vote, en 1908. La même année, des femmes se présentèrent avec succès à des élections municipales et parlementaires. Depuis 1983 le Parlement compte une formation exclusivement féminine et plus d'un quart des députés sont des femmes. La capitale est administrée par une femme et l'église d'Etat luthérienne ordonne des pasteures. "Les femmes islandaises sont fortes, parce que les femmes de marins doivent l'être" déclarait la Présidente. Leur lutte pour l'égalité n'est cependant pas allée sans heurts. En 1975, elles inaugurèrent la Décennie de la Femme, décidée par l'ONU, par une journée de grève générale qui paralysa entièrement le pays. Première revendication : l'égalité des salaires qui étaient de 59% inférieurs à celui des hommes et reconnaissance de la double journée de travail pour les 70% de femmes exerçant un métier hors de chez elles. Pour clore la décennie, elles renouvelèrent leur ordre de grève, suivi cette fois par la Présidente de la République elle-même, ce qui provoqua une crise ministérielle sans précédent.

Les Islandaises ont puisé dans des siècles de combat avec les éléments et les injustices de l'histoire une force qui les a rendues aussi fortes et indépendantes que les hommes. Beaucoup d'entre elles vivent seules et l'Islande bat le record du nombre de mères célibataires. Plus de 44% des enfants naissent hors mariage. Un phénomène parfaitement accepté par une population qui accueille toujours les enfants à bras ouverts et pour laquelle la famille est une institution sacrée. C'est que les Islandaises aiment "faire le premier pas" et ne s'embarrassent pas de battements de cils. Une attitude directe qui leur a donné la réputation, hors les frontières, d'être un peu trop "faciles". "Ceux qui pensent cela n'ont rien compris, explique une jeune avocate, quand un homme nous plaît, nous ne restons pas à attendre qu'il nous remarque, nous passons à l'acte".
Les femmes islandaises sont les fers de lance d'une société à la fois tolérante et respectueuse des lois, qui pendant longtemps s'est contentée d'une seule chaîne de télévision (jusqu'en 1987 exactement) dont les programmes s'arrêtaient

VIGDIS FINNBOGADOTTIR, ancienne Présidente, élue et réélue pendant dix ans, le déplore, la fonction de Premier Ministre est restée une chasse gardée masculine et 22% seulement des sièges du Parlement sont occupés par des femmes. Un score qui reste toutefois très supérieur à la moyenne européenne.

▸▸ *Au cœur des fjords de l'Ouest, dans la ville natale du héros national Jon Sigurdsson, considéré comme le "père de la nation", à ARNARFJORDUR, un musée, installé dans des bâtiments anciens, ainsi qu'une petite chapelle, ont été consacrés à celui grâce auquel les Islandais ont retrouvé leur fierté.*

du jeudi soir au dimanche soir et un mois en été. Qui a élu une présidente, mère célibataire d'un enfant adopté, et relevant d'un cancer. Autant de handicaps dans un autre pays. En Islande, un tel profil appelle au contraire des commentaires louangeurs.

D'une certaine manière, par delà les années, les Islandais ont renoué avec ce qui fit l'originalité de leur âge d'or. Leur modèle social n'est comparable à aucun autre.
Respectueux de l'ordre : "avec la loi on construit un pays, sans elle on le détruit". Chaque Islandais a fait sienne cette devise, héritière directe du principe même de l'Althing, et qui figure en bonne place sur les portières des voitures de police.
Egalitaire : il leur semble normal que le numéro de téléphone de la Présidence de la République soit dans l'annuaire et que le (la) président(e) reçoive tout citoyens(ne) qui en fait la demande. Quant à l'organisation politique, elle reproduit celle des chefs de clans qui gouvernaient de concert. Depuis 1944, aucun parti politique n'est parvenu à rassembler à lui seul une majorité et les gouvernements successifs ont tous été le fruit d'une coalition.
Heureux héritier du passé : il n'est pas un Islandais qui ne puisse établir sa généalogie sur au moins six générations, et le sujet les passionne.
Solidaire : les personnes agées, ou seules, sont rarement délaissées.
Païen : même les elfes y ont retrouvé une place. Il existe des cartes indiquant clairement quelles sortes d'esprits des airs, des eaux ou de la forêt se nichent dans les jardins publics et les rivières des villes.
Et tout cela n'empêche aucunement ces joueurs d'échecs passionnés d'être les plus connectés à internet de la planète.

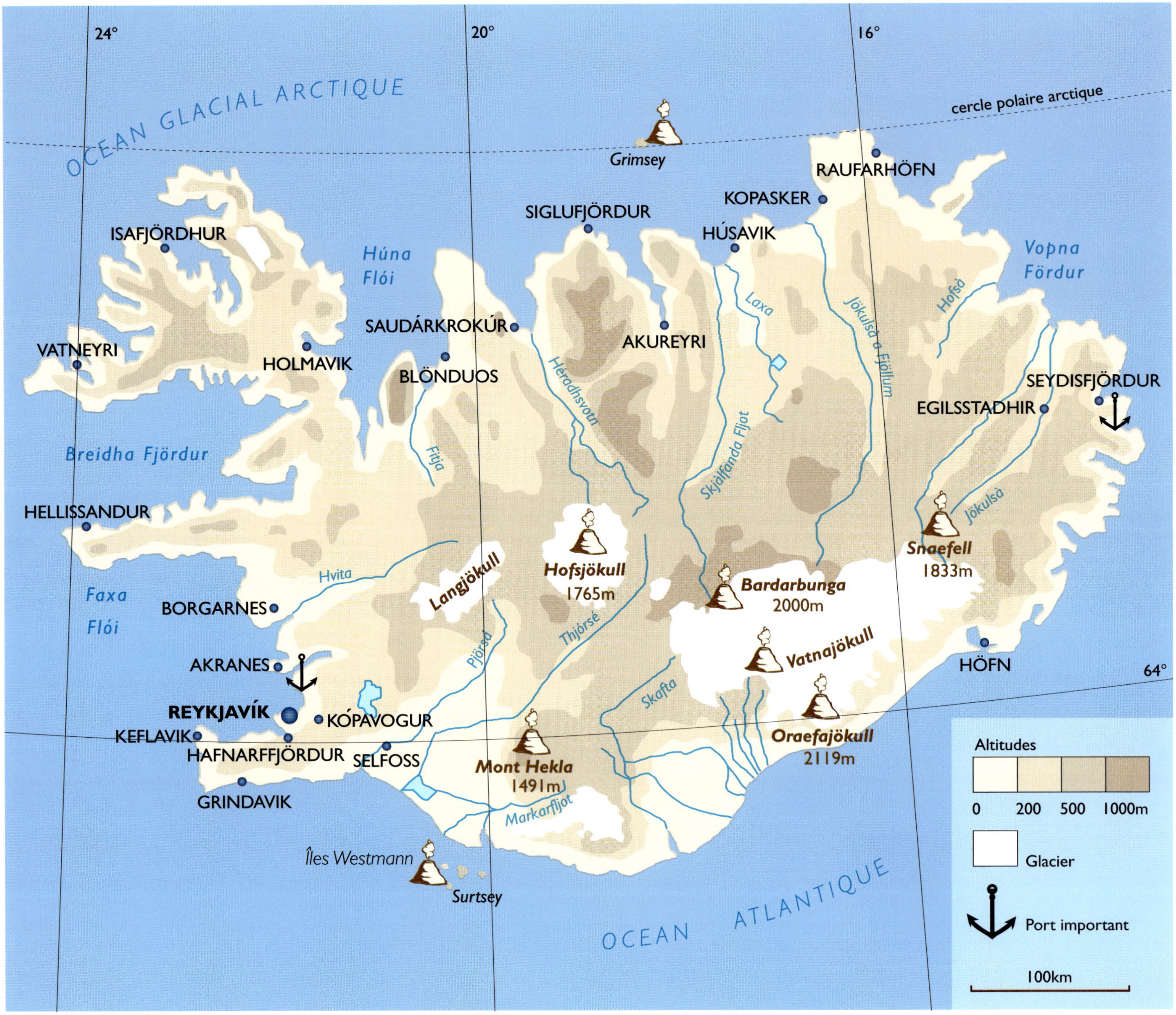

24°
20°
16°
64°
OCEAN GLACIAL ARCTIQUE
cercle polaire arctique
Grimsey
RAUFARHÖFN
KOPASKER
SIGLUFJÖRDUR
HÚSAVIK
ISAFJÖRDHUR
Húna
Flói
Vopna
Fördur
SAUDÁRKROKÚR
AKUREYRI
VATNEYRI
HOLMAVIK
BLÖNDUOS
Laxa
Hofsà
Jökulsà a Fjöllum
Héradhsvotn
Skjálfanda Fljot
SEYDISFJÖRDUR
EGILSSTADHIR
Breidha Fjördur
Fitja
HELLISSANDUR
Jökulsà
Snaefell
1833m
Hofsjökull
1765m
Langjökull
Hvita
Bardarbunga
2000m
Faxa
Flói
BORGARNES
Thjórse
Vatnajökull
HÖFN
AKRANES
Pjórsa
Skafta
REYKJAVÍK
KÓPAVOGUR
KEFLAVIK
HAFNARFFJÖRDUR
SELFOSS
Mont Hekla
1491m
Oraefajökull
2119m
GRINDAVIK
Markarfljot
Îles Westmann
Surtsey
OCEAN ATLANTIQUE
Altitudes
0
200
500
1000m
Glacier
Port important
100km

Alimenté en glaçons géants par le glacier BREIDAMERKURJOKULL, le lac JOKULSARLON, est l'un des sites les plus visités du pays. Il ne faut pas se contenter d'emprunter le pont qui l'enjambe, mais aller voir de plus près, en bateau, les immenses blocs de glace en train de fondre. C'est ici qu'ont été tournées les premières scènes du James Bond "Dangereusement Votre".

ITINERAIRES

Pour prendre une vue un peu complète de cette île oblongue, vaste comme le cinquième de la France (300km/ 500km), ancrée à quelques degrés du Cercle Polaire, on peut suivre la route côtière pendant 1400km environ, qui, de fjords en glaciers, de champs de fumerolles en geysers, de volcans en chutes d'eau fantastiques ou en lacs, passe en revue les principales curiosités. Un itinéraire à compléter par les pistes qui traversent le centre de l'Islande mais ne sont praticables que quelques semaines par an. Les voyageurs pressés peuvent aussi, en faisant des sauts de puce, de une ou deux journées depuis Reykjavik ou Akureyri (deuxième ville d'Islande, à quarante cinq minutes d'avion de la capitale), avoir un bon aperçu de la région Nord, qui condense presque tous les types de merveilles naturelles du pays. Fjords d'Eyjafjördur et d'Olafsfjördur coincés entre des montagnes de cendres volcaniques frisant les 1000m d'altitude. Lac Myvatn, hérissé de gigantesques bulles de laves éclatées et brutalement solidifiées. Dépression désolée de Namafjall au sol tiède, tâché de jaune et de blanc, d'où jaillissent des jets de vapeur soufrée, et où bouillonnent des marmites de boue mauve. Gigantesque chute d'eau de Dettifoss cachée au-delà du cours d'un ancien fleuve glaciaire. Port de pêche d'Husavik dont le musée célèbre les grandes heures de la chasse à la baleine. Avec en toile de fond, des déserts de pierres, torturés par les soubresauts terrestres, tapissés de mousses et de lichens aux couleurs fraîches. De retour à Reykjavik, on comprend mieux les débordements, proprement volcaniques, des folles nuits islandaises du week-end. Rarement une terre, avec toutes ces extravagances naturelles, a, à ce point, modelé les hommes.

Les folles nuits de Reykjavik

L'agglomération de Reykjavik (180 000 habitants sur 280 000 de population totale ; ils étaient 5000 en 1900) est très étendue. S'il y avait un peu plus d'arbres, on pourrait la qualifier de ville à la campagne. La nature est pourtant partout présente et les oiseaux sauvages ont depuis longtemps adopté le lac Tjörnin qui occupe son centre. Un centre essentiellement touristique et commercial, qui se limite à quelques rues entre le port et le lac et ressemble plutôt à un village d'opérette. Sacrée Capitale Européenne de la Culture de l'an 2000, la ville est particulièrement fière de son Art Museum installé dans d'anciens docks des douanes, superbe bâtiment en fer et béton abritant des oeuvres d'artistes islandais, ainsi que, à quelques minutes de marche, la nouvelle Maison de la Culture qui vient de fêter le millénaire de la fondation de la cité par Ingolfur et sa conversion au christianisme. Pour le reste, la rue Skolavordustigur, qui descend de l'étonnante cathédrale luthérienne jusqu'au cœur du quartier commerçant, est très pittoresque, avec ses vieilles maisons de pêcheurs revêtues de tôle et peintes de couleurs vives, aujourd'hui transformées en galeries d'art et boutiques d'artisanat. Le gouvernement et le Parlement pour leur part sont installés dans de grosses villas fleuries.

Genre resté très vivace, le théâtre largement subventionné par l'Etat puise aussi bien son inspiration dans les Sagas médiévales que dans la vie quotidienne. Les spectateurs se recrutent sans distinction dans toutes les classes d'âge.

La fondation de Reykjavik, littéralement "baie des fumées" a bien sûr une origine légendaire, relatée dans l'une des sagas fondatrices. "Cet hiver-là, Ingolfur pourvut à un grand sacrifice et consulta les augures. Les augures envoyèrent Ingolfur en Islande. Quand Ingolfur vit l'Islande, il jeta par dessus bord les montants de son haut siège, pour la chance. Il déclara qu'il habiterait là où les montants aborderaient. Les montants disparurent dans les flots et il fallut trois années pour retrouver l'endroit où les Dieux les avaient guidés. Au printemps Ingolfur descendit par les landes, il fixa sa résidence là où avaient abordé les montants de son haut siège, il habita la baie des fumées". Qu'importe l'invraisemblance relevée par les géographes qui notent qu'en aucun cas les courants marins n'auraient pu porter les fameux montants dans cette direction. L'endroit avec ses sources chaudes, ses onze rivières, sa forêt et ses bans de poissons était particulièrement bien choisi.

La nuit du 31 décembre, à REYKJAVIK, les feux d'artifices font concurrence aux aurores boréales et la ville en fête se déchaîne jusqu'au matin. Heureusement, les trottoirs sont chauffés grâce à l'exploitation de la géothermie, ce qui évite aux fêtards, qui s'endorment parfois à même le sol, de périr gelés.

Eté comme hiver, chaque vendredi et samedi soir, une frénésie s'empare de la paisible Reykjavik. Aux environs de minuit, toute la ville déferle dans les trois rues du centre pour pratiquer le sport national : boire de l'alcool. Pour attendre cette heure, on s'offre un petit cinéma. Bizarrerie islandaise, les entractes y sont toujours d'actualités. En plein milieu de la projection, d'un coup le film s'arrête, la lumière revient et tout le monde se lève pour aller fumer acheter des confiseries. Dix minutes plus tard, sans aucun signe annonciateur, la séance reprend. Ensuite, on va s'écraser, par bandes entières de copains, dans les dizaines de bars.

...suite p 67

*Le charmant jardin botanique
de REYKJAVIK
regroupe plus de 5000 espèces
de plantes, dont la quasi
totalité de la flore Islandaise.
De nombreux oiseaux y passent
et même y nichent
et il n'est pas rare d'y croiser,
au printemps des couvées
de canetons et d'oisillons*

Bâtie à la mémoire du révérend Hallgrimur Petursson, l'église d'HALLGRIMSKIRJA Est environnée de statues contemporaines. Placée devant le porche, et œuvre de l'américain Alexandre Calder, l'une d'elles évoque la mémoire du navigateur Leifur Eiriksson "le fils d'Islande qui découvrit l'Amérique".

Les jardins peuplés de statues, en bordure de la rive est du lac TJORNIN, entre la charmante petite église de FRIKIRKJUN et la Galerie nationale sert de transition entre la vieille ville et les nouveaux quartiers de REYKJAVIK.

Comme toutes les grandes capitales, REYKJAVIK interdit son ciel aux avions, sauf lors d'un meeting annuel réservé aux "vieux coucous". Les passagers peuvent alors mesurer la rapidité à laquelle la ville s'étend, englobant maintenant dans le "grand Reykjavik" des petites localités rattrapées par le béton, qui n'ont plus rien de rural.

*Rien n'est plus grisant
que de jouer au golf à l'heure
où l'on devrait dormir.
Renouant avec l'enfance,
les adultes les plus sages
bouleversent leur rythme
de vie lors des si longs jours
d'été.*

*Eclairées par la lumière
rasante du soleil nocturne,
les statues contemporaines
qui jalonnent les jardins
de REYKJAVIK y gagnent
en mystère et en étrangeté.*

Bizarrement, mariés ou pas, hétéros ou gays, les couples ne sortent que très rarement ensemble, préférant au tête-à-tête la dynamique du groupe. La bière coule à flots, les rythmes pop, techno, dance, afro-cubains se déchaînent. Un gigantesque défoulement collectif commence, qui ne s'achèvera qu'à l'aube, et souvent bien au-delà. Les jeunes cadres délurés se retrouvent sous les miroirs du Rex, créé par le designer anglais Terence Conran, et dans les fauteuils de cuir noir de l'Astro (tous deux sur Austurstraeti) ; les célibataires en quête d'âme soeur au List, les gays au Thomsen, les étudiants au Solon. La file d'attente s'allonge pour pénétrer au Skuggabarinn, la boîte ultra-chic de l'hôtel Borg, où des filles de rêve, et de la meilleure société, mènent un train d'enfer. Vers 2 heures du matin, l'alcool aidant, les esprits s'échauffent et le ton monte et à 4 heures les bouteilles se mettent à voler. Mais des caméras veillent et la police, invisible jusque-là, surgit en quelques secondes. Le calme revient instantanément. Des patrouilles compatissantes ramassent les buveurs les plus éméchés et les mettent dans des taxis qui les ramèneront chez eux. De même que, aux premières lueurs du jour, les nettoyeurs municipaux feront leur discrète apparition. Il faut dire qu'alors, les chaussées en ont bien besoin.

Bien que le soleil de minuit ne réchauffe que le regard, les Islandais ne se lassent pas de ce spectacle de jour sans fin, qui "déboussole" hommes et animaux.

Au début de l'hiver, la ville se mire dans l'eau de la lagune qui commence à geler. Protégé du vent et réchauffé par le Gulf stream, le port garde toutefois ses eaux libres même au plus fort des frimas. Le fameux courant protecteur figure d'ailleurs dans les armoiries de la capitale sous la forme de vagues blanches.

6272

La magie des nuits d'été

Le temps semble suspendu. Le crépuscule s'éternise. Le soleil hésite à basculer dans les ténèbres. Comme à regret cependant, il finit par atteindre la ligne d'horizon. Quelques degrés encore, il disparaît. Mais on dirait qu'il reste là, juste derrière, comme s'il ne pouvait se résoudre à abandonner notre monde. Sa lumière continue de nous parvenir, lumière laiteuse, aux reflets verts, roses, orangés, qui ne dessine aucune ombre. Comme une clarté d'au-delà. Le vent est tombé, les oiseaux dorment, le silence envahit la terre et les cieux. Comme tous les pays nordiques, l'Islande semble transfigurée pendant ces quelques heures de nuit blanche. Les noctambules assoiffés de bruit et d'alcool désertent les bars et les boîtes de Reykjavik. La ville se vide. Familles et copains filent sur les côtes ou dans l'arrière-pays. C'est le temps de la nature retrouvée, des balades romantiques sous le ciel pâle, de renouer avec les anciennes pratiques païennes. La nuit de la Saint-Jean, on se baigne nu dans la rosée de la péninsule de Snæfellsnes afin d'accéder à une éternelle jouvence. Les jeunes filles partent cueillir sept fleurs différentes au pied des volcans, et les glissent sous leur oreiller en rêvant à leur futur époux. Nuits magiques, nuits miraculeuses. Début juillet, elles durent trois heures à Reykjavik et quatre-vingt-dix minutes à Akureyri, et puis s'allongent au fil des semaines, et s'obscurcissent dès la mi-août. La zone arctique, elle, les ignore. De la mi-juin à la mi-juillet, le soleil de minuit brille avec une sorte de provocation à Isafjördur et sur la minuscule île de Grimsey.

Les bateaux dorment sagement au soleil de minuit dans le port de DALVIK, au nord du pays. Un calme trompeur quand on sait que la ville est bâtie sur une faille et a déjà manqué disparaître dans un séisme.

"Capitale" de la zone des fjords de l'Ouest, STYKKISHOLMUR offre avec son port parfaitement protégé une base idéale pour les bateaux qui naviguent vers l'île de Flatey. S'embarquer pour une traversée éclairée par le soleil de minuit est une expérience inoubliable.

Cinq kilomètres carrés, coupés par le Cercle Polaire, quarante kilomètres au nord de l'Islande. Une côte rocheuse, des orgues de basalte, une lande arctique tachetée du blanc des moutons, des myriades d'oiseaux de mer planant dans les rafales. Et, tassé dans une petite anse, un port de trois cents habitants, pêcheurs pour la plupart. Cette terre en marge où jouer les Robinson du grand Nord connaît chaque été les honneurs de la presse locale. Avec le port d'Isafjörour, au nord des Fjords de l'Ouest, c'est la seule du pays où pendant plus d'un mois, la nuit oublie de tomber, la seule à connaître la vraie griserie du soleil de minuit. Trois fois par semaine, les lundi, mercredi et vendredi matin, un bateau de la compagnie Saefari embarque sa cargaison de marchandises et de passagers au port de Dalvik, à une heure de bus d'Akureyri. Dès la sortie du fjord, des baleines surgissent, le suivent, font des cabrioles. Après trois heures et demi de grosse houle, il s'amarre enfin à l'unique quai du port de Grimsey, qu'il quitte quatre heures plus tard. Pendant deux jours minimum, l'île demeure pratiquement isolée. Seul le petit avion la reliant à Akureyri et Reykjavik rassure les claustrophobes. Mais pour les autres, les fanas d'éternel soleil et de liberté au grand vent du large, voilà un bonheur infini à savourer l'été, jour… et nuit. L'Islande ne cessera jamais de nous ensorceler.

Nichée au creux de l'EYJAFJORDUR, tout au nord de l'Islande, la paisible petite ville de DALVIK faillit être engloutie en 1934, non seulement par le tremblement de terre qui ébranla son sol, mais surtout sous les pierres expédiées par le volcan voisin.

L'élyme des sables, grande graminée dont les graines étaient autrefois utilisées pour nourrir le bétail, présente la particularité de prospérer dans les sols arides et en particulier dans le sable, où ses racines parviennent à se fixer. Des expériences d'ensemencement de terrains semi-désertiques sont en cours, dans l'espoir de rendre leur fertilité à des terres mises à mal par les moutons.

Sans les avoir jamais vus,
Jules Verne décrivit à merveille
certains paysages Islandais :
"Ici, la nature procède
géométriquement (...)
ici, voulant donner l'exemple
de la régularité, et précédant
les architectes des premiers âges,
elle a créé un ordre sévère,
que ni les splendeurs
de Babylone ni les merveilles
de Grèce n'ont jamais dépassé"
(Voyage au centre de la terre).

Non contente de chauffer la capitale et de l'alimenter en eau chaude et en électricité, la centrale de SVARTSENGI est à l'origine des fameuses piscines du "Blue Lagoon". Le rejet des eaux chaudes génère la croissance de mousses qui font l'objet d'études scientifiques, notamment quand ces végétaux se développent sur la lave.

Reine des piscines géothermiques : Le Blue Lagoon

Les Romains avaient les thermes, les Français le Café du Commerce, les Islandais combinent les antiques vertus de la détente et de la convivialité dans leurs piscines géothermales. Alimentées par des sources chaudes jaillissant des entrailles de la terre, elles accueillent toutes les classes sociales, âges et sexes confondus. Tout un chacun s'y dénoue le corps et l'âme, y devise paisiblement des affaires du jour, y oublie la solitude et la rigueur des éléments. C'est l'une des plus étonnantes attractions de la luthérienne Islande.

Chaque agglomération possède la sienne, mais la plus spectaculaire, le Blue Lagoon, se trouve à quarante minutes de voiture de Reykjavik, au cœur d'un impressionnant désert de lave : Des vapeurs fantomatiques montent d'un lac aux eaux d'un bleu laiteux, moutonnent dans le vent glacé, s'effilochent lentement vers des collines de lave solidifiée. Pour un peu, on se croirait chez les sorcières de Macbeth ou dans l'univers fabuleux des elfes et des trolls des légendes nordiques. Mais l'illusion se dissipe vite, face à l'énorme centrale géothermique qui domine le site, en plein cœur d'un désert proprement lunaire. Depuis son aménagement au printemps 1998, le Blue Lagoon est devenu l'attraction la plus fréquentée d'Islande, et l'une des plus révélatrices de cette terre cuite et perpétuellement recuite par le feu des entrailles de la terre aujourd'hui dompté par l'homme. Jaillissant de 2000 mètres de profondeur, à une température de 240°C, mais aussitôt rafraîchies pour les rendre supportables, les infiltrations d'eau de mer (la côte n'est qu'à quelques kilomètres) se chargent d'une exceptionnelle abondance de sels minéraux, notamment de boues siliceuses qui, mêlées à des algues bleu-vert, donnent aux eaux leur tonalité irréelle.

Des têtes glissent à la surface opaque de ce lac de conte de fées dont les contours irréguliers se perdent dans la brume. Ce sont celles de curistes soignant leur peau, et plus encore de simples amateurs venus savourer les joies et les vertus d'une baignade unique au monde. La température extérieure a beau, en hiver, descendre facilement en dessous de zéro, celle du Blue Lagoon varie selon les endroits de 36 à 40°C. On y pénètre par un sas communiquant avec la piscine intérieure, on s'accroupit d'abord pour échapper au froid, et puis, profitant de la profondeur qui s'accroît, on s'aventure à travers les nuages de vapeur jusqu'à des petits bassins circulaires appelés "hot pots". Assis sur des banquettes sous-marines, on devise bientôt avec des inconnus, comme avec de vieilles connaissances. A la fois douce et salée, épaisse et caressante, l'eau chaude dénoue les corps, apaise les esprits, réconcilie avec l'univers. Pas étonnant que les Islandais, isolés depuis mille ans sur cette île tout feu tout glace, passent des heures chaque semaine à faire trempette et bavarder dans les centaines de piscines et bassins géothermiques qui jalonnent leur pays. Partout un rituel identique régit la cérémonie.

...suite p 80

Tout au plaisir de barboter dans une eau idéalement chaude et parée de toutes les vertus dermatologiques (elle est réputée venir à bout des psoriasis les plus sévères, maladie de peau particulièrement difficile à soigner) les baigneurs oublient vite les cheminées fumante et l'usine qui va pomper l'eau quasi bouillante à deux kilomètres de profondeur.

*Les piscines chaudes
du Blue Lagoon aménagées
à même la lave s'inscrivent
dans un paysage lunaire
d'où s'échappent en permanence
de protectrices nuées chaudes,
dues à l'évaporation,
qui permettent de s'y baigner
même au cœur de l'hiver.*

Douche et savonnage en commun, entièrement nu, hommes et femmes séparés. Puis on enfile son maillot sous une douche brûlante, histoire d'emmagasiner le maximum de chaleur, et on se précipite dehors pour se glisser dans un hot Spot à 35°C. Ouvriers et ministres, adolescents et retraités, mères de famille, célibataires des deux sexes, tous les âges, toutes les conditions sociales infusent ensemble, discutent des affaires du jour, draguent à l'occasion, communient dans la même détente physique et intellectuelle, tandis qu'en hiver, la neige poudre les abords et que des aurores boréales illuminent le ciel. La piscine, pour les Islandais, tient à la fois du forum antique et du Café du Commerce, paisible, sans aucune agitation ni éclats sonores. Pour l'étranger de passage, c'est aussi le moyen le plus commode d'entrer dans l'intimité de ce peuple réservé et pourtant si convivial, pur reflet d'un sol apparemment glacé, dont les pulsions intérieures se figent dès qu'elles atteignent la surface. Dotées ou non de propriétés curatives, ces eaux de source sont chauffées naturellement par le magma central, lequel s'échappe depuis des millions d'années de la faille provoquée par l'écartement des deux grandes plaques tectoniques, l'eurasienne et l'américaine, qui constituent le socle même de l'Islande.

A quelques kilomètres, la petite ville de Hveragerdi mérite bien son nom de "jardins chauds". C'est ici que sont concentrées les plus grandes serres, chauffées grâce à l'exploitation de la géothermie, dont la péninsule de Reykjanes est un haut lieu. Les habitants de Hveragerdi ont apparemment pris leur parti de cohabiter avec le feu de la terre. Quand on se promène au hasard de ses rues, il n'est pas rare de voir l'eau fumer dans les caniveaux, de passer à côté de sources d'eau bouillante jaillissant au coin d'une rue ou dans un jardin privé. Il y a quelques années, une fissure lâchant des jets de vapeurs brûlants s'est ouverte dans le salon d'une maison, un peu plus loin, c'est une mare de boue chaude, surgie des entrailles du sol qui a englouti le parking d'un particulier. Comme disent les Islandais philosophes, "notre terre se construit".

*Hiver comme été,
les habitants de Reykjavik
fréquentent le Blue Lagoon.
Le week-end en particulier,
c'est le lieu de rencontre des jeunes
mais aussi le rendez-vous
de familles entières, de cadres
venus s'y "destresser"
entre deux rendez-vous,
de seniors pleins d'allant.
Un vrai phénomène de société
qui en dit long sur le mode
de vie des Islandais, proches
de la nature et bien
dans leur corps.*

Pas question de partir le nez au vent dans le champ de sources chaudes de HVERAVELLIR. Entre les cuvettes d'où jaillissent les eaux chaudes, et les geysers, bouillonnent de traîtresses marmites de boue, terriblement dangereuses. Recouvertes d'une mince croûte de terre trop fragile pour supporter le poids des promeneurs, elles les exposent à de terribles brûlures.

Toute la péninsule de REYKJANES est soumise aux phénomènes géothermiques. Le lac de KLEIFARVATN, dont le niveau varie en fonction des années sans qu'on puisse expliquer pourquoi, n'échappe pas à cette règle et l'on s'attend à tout instant à voir surgir de ses eaux embrumées le monstre aquatique réputé y vivre.

Les mystères du volcan de Jules Verne

A trois heures au nord de Reykjavik, la route, coincée entre mer et montagne d'où cascadent d'impétueux torrents, longe la péninsule de Snæfellsnes, le cœur du royaume des elfes, terre prospère grâce à la pêche et aux cultures. C'est sur ses côtes déchiquetées que s'est brisé le "Pourquoi Pas" du Commandant Charcot en 1936. Tout au bout de la péninsule trône un volcan majestueux, couronné d'une calotte de glace immaculée culminant à 1446 mètres : le Snæfellsjökull. C'est la montagne magique du roman de Jules Verne, "Voyage au centre de la terre". Ses héros s'y glissèrent par un étroit passage jusqu'au coeur de notre globe : "descends dans le cratère du Yokul de Sneffels que l'ombre du Scartaris vient caresser avant les calendes de juillet, voyageur audacieux et tu parviendras au centre de la terre". Après maints dangers et péripéties, les hardis voyageurs réussirent à trouver une sortie par un volcan italien, le Stromboli.

Inutile de chercher le fameux passage. Il appartient à la légende. On peut en revanche grimper jusqu'au sommet du volcan et traverser sans risque ses coulées de lave couvertes de mousses et de lichens qui cascadent vers l'océan. Et le Snæfellsjökull n'est pas célèbre que dans les livres, cette montagne majestueuse et inquiétante est connue jusqu'au Tibet et certains bouddhistes la considèrent comme l'un des six "chakras" majeurs qui concentrent l'énergie de la planète. En continuant sur la route côtière, on atteint les plages jonchées d'énormes pierres que les pêcheurs s'amusaient à soulever à tour de rôle pour évaluer leur force à Djupalon, une baie toute proche d'un chaos de roches baptisé "l'église des trolls". Il faut également en profiter pour détailler le jeu des oiseaux de mer sur les falaises d'orgues basaltiques du délicieux petit port d'Arnarstapi et près du village d'Hellisandur, face au grand large. Dans l'immense baie de Ytri-Tunga toute proche se prélasse une pacifique colonie de phoques, très curieux des visiteurs dont ils s'approchent volontiers.

L'été le SNAEFELLSJOKULL accueille sur les pentes herbeuses de ses contreforts les adeptes du "new age" qui s'y livrent à d'étranges pratiques cosmiques. L'hiver, l'austère glacier retourne à sa solitude enneigée, ses coulées de lave en cordes soulignées par la neige offrent alors un spectacle grandiose.

▸▸ A l'extrémité de la longue péninsule de SNAEFELLSNESS, le glacier SNAEFELLSJOKULL domine tout le paysage de son étincelante calotte découpée d'inquiétantes crevasses. Accessible en quatre à cinq heures de marche, son sommet offre un point de vue superbe sur la mer. Bien plus effrayants encore que les profondes déchirures de l'épaisse couche de glace, sont les volcans qui se cachent sous ce manteau immaculé.

S'ils font le bonheur des touristes, les phoques, moines ou gris, sont les ennemis des pêcheurs qui les chassent impitoyablement, les accusant non seulement de manger trop de poissons mais encore d'abriter dans leur système digestif un vers parasitant la morue.

Les chevaux en revanche sont une fierté nationale. Rigoureusement protégés de tout apport de sang étranger, ils ont interdiction de quitter le territoire sous peine de ne jamais pouvoir y remettre un sabot.

Sur les prairies marécageuses de la péninsule de SNAEFELLNESS, les jolies têtes blanches des linaigrettes, courbées par le vent, se colorent de rose au soleil couchant.

KIRKUJELL, "la montagne église" domine de sa haute taille le joli port de HEIMAEY, premier site de pêche islandais. L'austère mont ne veille pas sur les charmants bateaux amarrés aux pontons. Chacun ici se méfie de lui, unique auteur de la catastrophe de 1973.

Le cap Nord islandais

Des fjords gigantesques, des ports de pêche colorés comme des dessins d'enfants, des solitudes austères balayées par le grand souffle de l'Océan Glacial, ponctuées de loin en loin par des fermes distantes de trente kilomètres les unes des autres. L'énorme péninsule des Fjords du Nord-Ouest conserve merveilleusement intacte, à l'écart de toutes les pollutions, l'âme de la vieille Islande. Les légendes y abondent et c'est avec recueillement que les Islandais qui le font pour la première fois, gravissent le mont Helgafell, en silence, et sans se retourner, leurs trois vœux en tête qu'ils prononceront en secret face au levant, pour avoir une chance d'être exaucés. Dans le même esprit, ils ne s'attardent pas sur la route qui les ramène au Sud quand ils franchissent le col de Kerlingsgarskard, domaine du redoutable troll Kerlingar qui a horreur d'être dérangé !

Du pittoresque port de Stykkisholmur partent les mini-croisières qui suivent pendant des heures les ébats des fameuses baleines bleues du Gulf Stream ainsi que le ferry de la Baldur qui mène en 3 h de navigation au port de Brjanslækur. Un crochet s'impose pour découvrir, cent kilomètres à l'ouest, les millions de macareux moines qui nichent et piaillent sur la vertigineuse falaise de Latrababjarg. Longue de 14 kilomètres, haute de 444 mètres, elle accueille des myriades d'oiseaux dont l'habitat est organisé par strates. En bas les petits pingouins, au milieu les macareux, en haut les fous et les sternes, et sur les surfaces planes et herbeuses les labbes qui ne font pas de nid. Ce site est considéré comme le plus riche du monde en avifaune. Autrefois, les dénicheurs y prospéraient, se laissant glisser le long de cordes pour ramasser les œufs. Il existe encore des ramasseurs d'œufs de macareux et même des chasseurs qui les capturent en plein vol à l'aide de grandes épuisettes, pour les rares restaurants qui servent encore leur chair à la saveur légèrement fumée, au fort goût de poisson.

Si les pistes des sommets des monts KERLINGARFJOLL accueillent des skieurs l'été, leurs versants moins élevés sont le paradis des randonneurs. Des agences proposent aux marcheurs de passer la journée "mains libres" à crapahuter en pleine nature.

Le climat est particulièrement rude dans les environs du KERLINGAFJOLL, ou "montagne des sorcières", et il n'est pas rare qu'il y neige au cœur de l'été. Des randonneurs n 'hésitent cependant pas à braver les intempéries pour admirer les champs de solfatares et de fumerolles, surplombés par des dômes de rhyolite tranchant sur les plaines de scories d'un noir d'encre.

Les gentils macareux moine, au bec drôlement coloré, ne sont pas du tout des mascottes, mais un gibier fort apprécié, dont les magrets, légèrement fumés, se vendent fort cher dans certains restaurants de Reykjavik. Séchées, les dépouilles servaient autrefois de combustible.

Les falaises de l'Ouest, ici celle de LATRABJARG, couvertes d'oiseaux et de nids faisaient office de véritable garde-manger vivant. Des ramasseurs font toujours chaque été provision d'œufs de macareux et de guillemots. Tandis que les chasseurs attrapent les mêmes oiseaux à l'aide de sorte de grands filets à papillons.

*Pratiquée à grande échelle de 1948 à 1985, la chasse à la baleine et l'exploitation de la chair des quinze espèces de cétacés fréquentant les eaux islandaises a été totalement suspendue en 1990. Au grand dam d'une clientèle japonaise très friande de cette viande. Bien que la station de pêche d'*HVALFJORDUR *soit désaffectée, le sujet fait toujours débat.*

La région de LANDMANNALAUGAR est l'une des plus belles d'Islande. Comme son nom "sources de tous les hommes" l'annonce, toute la zone est sous le signe de l'eau. Rivières chaudes et froides y mêlent leurs cours pour le plus grand bonheur des amateurs de bains en pleine nature.

▸ Le territoire de la réserve de FJALLABAK est né il y a environ 8 millions d'années. Ses volcans connurent une activité intense lors de la dernière glaciation (il y a 2 millions d'années). De leurs laves sont nées des roches de couleurs vives, composées essentiellement de rhyolite. Leurs couleurs éclatantes, lorsqu'elles se reflètent dans les eaux sombres des lacs glaciaires, offrent des spectacles féeriques.

La féerie des champs de lave

Les champs de lave foisonnent en Islande, mais aucun n'atteint la beauté des pentes du Fjallabak, au centre-Sud de l'île. On y parvient depuis Reykjavik après une journée de route avec arrêts au plus grand lac d'Islande, voisin du fameux site de Thingvellir ; visite de la faille entre les deux plaques tectoniques américaine et eurasiatique où se tenait l'Althing ; à Gullfoss, la "chute d'or" la plus grande du pays, générée par la rivière glaciaire Hvita. Pour la petite histoire, ces chutes de trente deux mètres de haut qui s'engouffrent dans une gorge d'orgues basaltiques de deux kilomètres et demi ont été sauvées par l'entêtement d'un simple fermier qui a refusé de céder ses terres aux industriels qui voulaient y installer une centrale hydro-électrique. Sa fille a ensuite pris le relais et le site est maintenant classé parc naturel.

Le grand rendez-vous est avec le fameux Geysir qui toutes les cinq à dix minutes projetait autrefois à cinquante mètres de hauteur sa colonne d'eau et de vapeur. Somnolent aujourd'hui, les mauvaises langues disent qu'il ne se "réveille" qu'une à deux fois par an, pour des visites exceptionnelles, et à condition qu'on y déverse des litres de savon liquide,

...suite p 101

Les paysages en technicolor sont la spécialité du FJALLABAK. La blancheur éclatante des neiges éternelles voisine avec les noirs flancs ravinés de la montagne, plongeant dans des taches de couleurs vives (jaunes, vertes, pourpres) dues à la présence de veines de rhyolite. Se détachant sur l'ocre des plaines désertiques, les mousses rivalisent de verts quasi phosphorescents, rendus plus brillants encore par l'eau qui se faufile entre leurs pieds.

▸▸ Partout, dans la réserve naturelle de FJALLABAK, l'eau court, s'infiltre, saute les obstacles ou suit un cours capricieux pour les contourner. Parfois, des torrents unissent leurs efforts et comme à OFAERUFOSS, se jettent en plusieurs paliers en splendides cascades qui érodent impitoyablement le basalte constituant l'essentiel du massif.

il est honorablement remplacé par son petit voisin, le Strokkur qui toutes les cinq minutes expédie à vingt-cinq mètres son jet d'eau et de vapeur, après avoir fait bruyamment crever une énorme bulle bleue.

C'est au deuxième jour de la balade que commence l'aventure dans la réserve. D'abord une piste cahotante jusqu'à Landmannalaugar, puis, par des sentiers bien balisés, randonnée de plusieurs heures, ou jours, au fil de gorges de laves étourdissantes de couleurs : blanches, jaunes, vertes et orangées. Il faut suivre pendant deux jours la piste qui serpente parmi d'extravagants paysages lunaires pour atteindre un splendide monastère aujourd'hui aménagé en hôtel, Kirkjubaejarklaustur. C'est ici qu'eut lieu le miracle du Laki en 1783. Le pasteur du village ayant réuni ses ouailles pour une messe parvint par son sermon à fléchir la colère de Dieu qui arrêta une coulée de lave à quelques mètres du bâtiment. Depuis quelque dix mille ans, les manifestations volcaniques sont constantes dans cette région, par ailleurs soumise à des changements de temps brutaux et imprévisibles. Outre de très nombreuses sources chaudes, on y trouve des gisements de petites pierres de toutes les couleurs : les ryolithes, qui font le bonheur des collectionneurs.

◂◂ *Si Dieu a utilisé une palette de peintre pour donner ses couleurs à la planète, c'est probablement ici qu'il l'a oubliée. Les criques montagneuses de la réserve de* FJALLABAK, *creusées par les rivières issues de la fonte des glaciers se parent de blanc, de jaune vif, de rouge profond de vert opalescent, bref de toutes les couleurs minérales des éboulis de rhyolites que l'on pourrait croire avoir été conçues pour mieux trancher sur le noir basalte.*

Star du parc de Geysir,
avec une régularité
de métronome,
toutes les cinq minutes,
le temps de reconstituer
son étonnante bulle couleur
d'aigue marine, le geyser
STROKKUR expédie bruyamment
son jet à une vingtaine
de mètres de haut.
Le phénomène s'explique
par le réchauffement brutal
des eaux d'infiltrations
au contact du magma très proche
de la surface. L'eau, chauffée
jusqu'à se transformer
en vapeur, cherche alors une issue
et jaillit de la moindre faille
sous la forme de colonnes
bouillonnantes.

Le mariage de l'eau et du feu

C'est en trois quarts d'heure de vol depuis Reykjavik, que l'on atteint, nichée au fond du plus long fjord du pays, Akureyri, deuxième ville d'Islande avec 15 000 habitants et la capitale du Nord de l'île. Un port aux élégantes maisons d'armateurs, justement fier de son musée historique et de son luxuriant jardin botanique, doté en prime d'une somptueuse piscine géothermique. Abritée des vents par des montagnes de plus de mille mètres, couronnées de neige, cette charmante cité bénéficie d'un temps relativement clément. Les hivers y sont enneigés et froids mais calmes et les étés particulièrement chauds. C'est l'un des rares endroits d'Islande qui compte une vraie forêt et où l'on pratique le ski. La vie culturelle y est très active et les nombreux étudiants de l'Université mettent dans la ville une animation qui n'a rien à envier à Reykjavik. Une excellente base de départ pour découvrir, en voiture, quelques-unes des merveilles naturelles du Nord de l'île. Tout d'abord, honneur au génie humain : le village de pêcheurs de Hjalteyri, et ses immenses séchoirs de poissons. Durs comme du métal, les corps sans tête, poussés par le vent cliquettent par milliers au bout de leur ficelle. L'odeur coupe le souffle des étrangers. Ce qui ne manque pas de faire rire les Islandais, largement convertis aux vertus de la société de consommation et pour lesquels cette puanteur est douce puisque "c'est l'odeur de l'argent " !

...suite p 111

Le champ thermique
de HVERAROND,
dans les environs du volcan
LEIRHNJUKUR, peut réserver
de mauvaises surprises
au promeneur imprudent.
Plusieurs sentiers se faufilent
parmi les émanations brûlantes,
si chaudes qu'elles décomposent
le sol en cristaux de silices
brun-beiges, au creux desquels
bouillonnent sans répit
d'étranges mixtures.
Là, c'est de l'eau en fusion
qui s'échappe du sol
dans un chuintement agressif.
Ici, c'est un cratère d'explosion
empli d'une eau turquoise
qui joue les vedettes
dans son écrin de sable jaune
éclatant au pied du HELVITI.
Là encore, la terre se craquèle,
révélant de menaçantes
marmites, où glougloute
une mixture de boue bleue
qui laisse parfois échapper
de curieux soupirs.

▸▸ *La vallée*
de LANDMANNALAUGAR
est très appréciée des Islandais
qui viennent se tremper l'été
dans ses sources chaudes.
Naissant au pied des coulées
de lave, elles offrent
aussi leurs eaux limpides
aux mousses (les seules à pousser
sur la lave) qui prolifèrent
à leur contact, faisant naître
de véritables oasis de coussins
de verdure au milieu
de cet inquiétant désert minéral,
dont les volcans semblent
toujours être sur le point
de faire un mauvais coup.

Parmi les curiosités
du lac MYVATN,
ces curieuses colonnes tronquées
en tuf sont les vestiges d'un lac
de lave alimenté
par le volcan palagonitique
tout proche, le VINDBELGUR,
et lentement érodé par l'eau.

Peu profond (de 2m à 4m),
le lac MYVATN, compte
une cinquantaine d'îlots
répartis sur ses 37km2.
Grâce aux myriades
de moucherons auxquels il doit
son nom, il est très poissonneux.
L'hiver, les paysans des environ
découpent des trous dans la glace,
comme leurs ancêtres,
et pêchent de superbes truites,
des ombles chevalier,
ainsi que les plus gros saumons
d'Islande, apportés
par la rivière LAXA
dont le cours traverse le lac.

Mais revenons aux paysages : les fjords d'Eyjafjördur et d'Olafsfjördur, coincés entre des montagnes de cendres volcaniques frisant les 1000 mètres d'altitude ; la forêt de pics de lave noire et les "Eldborgir", littéralement "châteaux de feu", du dédale de Dimmuborgir ; et tout à côté, le lac Myvatn, hérissé de gigantesques bulles de pierres, éclatées, nées de la rencontre de la lave en fusion et de l'eau glacée. Au bord du lac, à Namaskard-Hveraröndle spectacle est hallucinant, le pied de la colline bariolée de jaune, rouge et mauve est occupé par d'énormes marmites de boue en ébullition d'où s'échappent des jets de vapeurs fumantes qui pétaradent à qui mieux mieux, avec plus ou moins de fureur. Enfin, le parc national de Jökulsargljufur où le feu de la terre se déchaîne dans la dépression de Namafjall, avec ses jets de vapeur soufrée et ses marmites de boue mauve bouillonnant au fil de sentiers sévèrement balisés. En dix minutes de marche, on atteint la terrifiante chute d'eau de Dettifoss, quarante quatre mètres de dénivelé, la plus puissante d'Europe avec un débit de 5000m3/s. Une géante dont les eaux grises se précipitent avec fracas dans un canyon d'orgues de basalte.

Fin de partie au port de pêche d'Husavik, d'où l'on peut embarquer pour une mini-croisière d'observation de baleines croisant dans l'Océan Arctique à bord de bateaux de pêche réaménagés pour l'observation. Selon l'époque, on peut voir évoluer des rorquals, des baleines à bosse ou de Minke, des orques épaulards, des dauphins ou des marsouins, et des cachalots. Un vrai festival.

Constitué par plusieurs rivières, dont la très poissonneuse LAXA, le lac MYVATN, dans sa partie la plus riante, accueille chaque année les plus grandes colonies de canards sauvages d'Europe. Sans compter la quinzaine d'autres espèces d'oiseaux habitués de ses rives. Du 15 mai au 20 juillet, toute la zone devient une réserve interdite de visite.

Des chevaux pleins d'allure

Curieux ces petits chevaux islandais, à peine plus grands que des poneys, descendants en droite ligne des chevaux Viking au pied marin, si affectueux et fidèles qu'ils étaient considérés par les hardis navigateurs comme des compagnons à l'égal des chiens. Ces chevaux, outre leur excellent caractère, leur longévité exceptionnelle (le plus vieux est mort à 57 ans) ont une particularité : au pas, trop et galop, ils ajoutent deux allures naturelles. L'amble, c'est à dire le déplacement des jambes deux par deux du même côté (comme les chameaux), une allure habituellement obtenue après dressage. Et le "tölt", à quatre temps comme le pas, mais pouvant atteindre la vitesse d'un galop soutenu. Un avantage pour le cavalier, puisque le dos du cheval bouge à peine, et pour sa monture qui fatigue beaucoup moins, puisqu'elle n'a pas à "gérer" les déplacements du poids de celui qui la monte.

Très endurants et frugaux, particulièrement bien adaptés au froid, ces diables d'animaux peuvent donc parcourir de très longues distances bien plus rapidement que d'autres. Le patrimoine génétique des chevaux islandais est jalousement préservé. Et tout cheval qui quitte le pays n'y reviendra jamais un sabot, ce qui les prive de participer à toute compétition internationale. Pour se consoler, ils ont leur propre championnat, le Landsmot organisé tous les deux étés dans une zone d'élevage. Il existe dans l'Europe entière des amateurs de ces montures connues pour leurs rusticité et bien sûr importées.

Petit (1,47m au garrot), robuste, endurant (il est frugal et passe là où les 4X4 ne vont pas). Doté de deux allures naturelles supplémentaires (l'amble et l'ölt, outre le pas, le trot et le galop) qui lui permettent de parcourir de très longues distances sans se fatiguer à l'excès ni épuiser son cavalier. Sans doute garde-t-il la mémoire des grandes expéditions auxquelles il participa, aux côtés des Vikings qui n'hésitaient pas à l'embarquer sur leurs bateaux lorsqu'ils partaient explorer le monde.

Dans le premier temps de leur vie, les rivières de fonte glaciaire semblent souvent hésiter sur la direction à choisir. Se scindant en bras multiples, elles sont embarrassées des scories qu'elles entraînent et leur cours ralenti par les îlots de sable et de gravier qui se constituent sur leur passage.

De véritables lacs peuvent naître au pied des langues glaciaires comme ici au TUNGNAFESSJOKULL. De ces "mares" spontanées s'écoulent ensuite des rivières ou des torrents, plus ou moins impétueux en fonction du relief.

Des paysages en devenir

En suivant la direction du Fjallabak depuis Reykjavik, au long de la piste F208, les montagnes portent un étonnant costume noir rayé de jaune (couleur des mousses accrochées aux parois et seules à survivre ici). Puis s'ouvre la vallée de la Tungnaa dont toute la largeur est occupée par les multiples bras d'une rivière aux innombrables bras divagants. A proximité, un lac de cratère aux eaux turquoises s'enchâsse entre des pentes rouges et brunes. Partout des ruisseaux à 38°C offrent leurs eaux accueillantes. On se croirait à l'aube du monde, surtout si l'on s'avise de se promener sur les pentes multicolores des montagnes Bransgil ou dans le champ de fumerolles de Brennisteinsalda. Une impression constante sur ces terres enserrées par deux immenses glaciers, dont la piste est la dernière à ouvrir et la première à fermer, souvent inondée par les rivières glaciaires. Elle aboutit à Eldgja, l'une des plus grandes fissures éruptive connue, longue de 40 kilomètres, qui se serait formée en 943 lors d'un très violent séisme, accompagné bien-sûr de manifestations volcaniques liées à la fameuse dérive des plaques européenne et américaine, dont l'inexorable éloignement déchire la croûte terrestre. Quelques kilomètres plus tard, on reste encore dans le superlatif tectonique avec l'une des plus grandes coulée de lave du monde l'Eldhraun, beaucoup plus récente puisqu'elle remonte à la terrible éruption du Laki en 1783 qui, avec une durée de trois ans, passe pour être le plus importante de l'histoire de l'humanité. Certaines coulées mesurent jusqu'à cinquante kilomètres de long.

C'est de loin, en revanche que l'on admire les immenses étendues de sable noir du Skeidararsandur où aboutissent les centaines de ruisseaux nés de la fonte des glaciers. Aucune route ne traverse cette zone périodiquement balayée par des "jökulhlaup", véritables déluges d'eau, de glace et de boue générés par l'activité du Grimsvötn, le volcan installé sous le glacier Vatjanokül. On peut toutefois aller assister au spectacle qu'offre le front du Breidamerkurjökull qui déverse ses icebergs dans un bruit de tonnerre, chaque chute provoquant un mini raz-de-marée dans la lagune glaciaire. Les glaçons géants, immergés aux sept huitièmes, forment un véritable troupeau qui fond lentement sur place, pendant cinq à six ans, avant de gagner l'océan. La glace qui les constitue est incroyablement pure et transparente, curieusement dépourvue de bulles et de défauts, résultat de la compression à laquelle elle a été soumise pendant les cinq à six cents ans qui ont précédé sa libération. Cette fonte silencieuse est pleine de surprise. Il n'est pas rare qu'un énorme bloc se fende subitement en deux ou bascule sans bruit. Ce lac très récent est né d'un séisme provoquant le recul du glacier qui allait autrefois jusqu'à la mer. Au cours de sa régression, le glacier a abandonné une moraine qui entretenant l'eau à constitué le bassin et donné naissance au chenal.

Le KRAFLA ne dort jamais que d'un œil et encore. Quand il n'émet pas des fontaines de magma en fusion qui illuminent les environs pendant des jours, comme en 1975, ce volcan, sujet à de terribles convulsions internes, fait régulièrement trembler la terre tout autour de lui. Le niveau du sol ne cesse de monter pour mieux s'effondrer ensuite, rendant quasiment impossible le fonctionnement de la centrale électrique toute proche.

Les colères du GRIMSVOTN sont particulièrement redoutées. Non seulement parce qu'il est le volcan le plus actif de tout le pays, mais aussi parce que son cratère est installé au milieu d'une vaste caldeira (lac d'eau sous glaciaire) que ses éruptions vidangent brutalement. Des torrents d'eau, de glace et de boue se déversent alors, emportant tout sur leur passage : routes, ponts, lignes électriques. C'est ainsi que la coulée provoquée par l'éruption du 5 novembre 1996 fit gagner aux plages 800m2 sur l'océan, en les noyant littéralement sous une gigantesque avalanche de sédiments.

*Inexorablement,
l'immense masse de glace
du VATNAJOKULL glisse
vers la mer. Scindée
en plusieurs glaciers, elle se fissure
en rabotant les flancs
des volcans. Quand un obstacle
ralenti l'énorme "tapis"
il se fend, se craquelle
sur toute sa hauteur,
en dangereuses fissures prêtes
à engloutir l'imprudent
qui s'aventurerait à proximité.
A mesure qu'approche l'issue,
en général un lac ou une lagune
de fonte, les crevasses
se font plus nombreuses
et plus profondes et ce sont
des pans entiers du glacier
qui s'effondrent à grand fracas
dans les cuvettes où les icebergs
mettront ensuite des années
à fondre.*

Rencontre avec les trolls et autres esprits

A quelques kilomètres de Vik, et des célèbres falaises couvertes d'oiseaux de la réserve de Dyrholaey, une immense plage de sable noire figure au palmarès des dix plus belles du monde. Mais c'est surtout pour ses trolls pétrifiés qu'elle est régulièrement visitée. Ces êtres pleins de malice, aux apparences grotesques   sont généralement malveillants. Véritables pestes toujours en quête d'un mauvais coup, ils accomplissent leurs forfaits la nuit. Malheur à eux, si le jour les surprend avant la fin de leur expédition, ils se retrouvent transformés en vulgaires cailloux. C'est ce qui est arrivé à la bande qui une nuit durant tenta de faire échouer un bateau de pêcheur sur cette grève. Les marins souquèrent si ferme qu'ils sortirent victorieux de l'épreuve et les trolls défaits ont maintenant l'éternité pour ruminer leur échec, groupés sous forme de rochers dressés dans la mer.

Près de disparaître dans les années 1920, le pygargue à queue blanche ou aigle pêcheur est maintenant strictement protégé. Les effectifs se recomposent lentement, laissant espérer que sera sauvé de l'extinction ce très beau rapace de 2,50 m d'envergure, injustement accusé par les paysans de voler les agneaux et de détruire les eiders au duvet précieux.

L'été est tout particulièrement le temps des elfes, ces personnages mythiques, des deux sexes, hérités des légendes celtiques. Très beaux et très puissants, il faut prendre garde à ne pas les offenser, ni exciter leur convoitise. Sinon, ils pourraient entraîner dans leurs amas de rochers les filles ou les garçons dont ils sont tombés amoureux. Beaucoup d'Islandais, et non des moindres, croient fermement à leur existence. "Mais seuls les gens clairvoyants peuvent les voir", affirment-ils. Les elfes qui habitaient la région de Reykjavik ont fui l'agitation de la grande ville, précisent les initiés. Ils se sont réfugiés autour d'Hafnarfjördur, où l'on a recensé leurs lieux de prédilection, et surtout au sud des fjords de l'Ouest.

Fidélité aux traditions ou soif de merveilleux, nombre d'habitants de la capitale vont, en tout cas, passer quelques-unes de leurs nuits blanches sur les bords du Breidafjördur, en quête de ces "elfes joyeux" qui, selon Victor Hugo, "dansent sur la plaine". Ces créatures sont serviables et gentilles, tant que l'on n'empiète pas sur leur territoire. Les constructeurs de routes ont paraît-il fait les frais de leurs terribles colères. Aussi préfèrent-ils ne prendre aucun risque. C'est ainsi qu'à Saudarkrokur, on a construit un pont pour faire passer une chaussée au-dessus d'une cathédrale d'elfes de douze mètres de haut et dans la ville de Grundarfjördur, le numéro 84 de la rue principale est une pierre, réservée au "peuple caché".

Avec les "afturganga" l'affaire est plus délicate. Ces revenants sont très redoutés et difficiles à démasquer car ils prennent l'apparence d'humains. Seul moyen de les confondre, les obliger à dire le nom de dieu "gud" ce qui leur est impossible. Ce qui explique que tant de femmes se prénomment Gudrun en Islande, un nom imprononçable pour ces esprits malfaisants qui ne songent qu'à entraîner les vivants dans l'au-delà.

Les traces des Vikings
sont nombreuses
sur la côte méridionale,
difficile d'accès par la route
en raison des glaciers
et des rivières torrentielles
qui viennent nombreux se jeter
dans l'océan. Un problème
que ne connaissaient pas
les Vikings qui eux
se déplaçaient en bateau.
A DIRHOLAEY, le cap
le plus au sud du pays,
le basalte est battu par la mer
qui le découpe en arche,
en silhouettes fantomatiques,
avant d'en faire un rugueux
sable noir que semblent
beaucoup apprécier les phoques.

L'installation, en 1056 du premier évêché à SKALHOLT, fit de la petite ville le plus grand centre théologique et culturel d'Islande pendant sept siècles. Ruinée par la conversion forcée de l'Islande au protestantisme et une ravageuse éruption volcanique au XVIIIème siècle la cité avait quelque peu oublié ses "saints". Jusqu'au jour où fut décidée, en 1953, de reconstruire l 'église et d'y transférer les anciennes sépultures des prélats.

Visite au glacier géant

C'est de Hôfn, gros village de pêcheurs de langoustines, que l'on part à la découverte du glacier Vatnajökull, un monstre de 8400 km2 grand comme la Corse qui occupe un dixième de la surface du pays. Une extraordinaire vision à combiner avec une balade dans les fjords de l'Est. Depuis la petite ville moderne d'Egilsstaoir, deux excursions d'une journée mènent jusqu'au délicieux port de pêche de Borgarfjôrdur Eystri et à son insolite manufacture d'objets super-design, ainsi qu'à Faskrudsfjördur, la base des légendaires pêcheurs d'Islande, immortalisés par Pierre Loti. L'ancien hôpital (aujourd'hui en ruine), le cimetière, la maison du consul et des photos d'époque témoignent d'une présence française qui a duré jusqu'aux années 1930.

Mais revenons au glacier, après une nuit d'étape au modeste port de Djupivogur. Son ascension commence par une balade à bord d'énormes bus 4x4. Bientôt, on se retrouve sur la calotte dont la couche de glace dépasse 1000 m d'épaisseur, sillonnée de terrifiantes crevasses de plusieurs centaines de mètres de profondeur. Sous réserve de ne pas s'écarter des chemins autorisés, on peut s'y balader à moto-neige ou y pique-niquer d'un fastueux buffet de poissons, dressé sur une table taillée à même la glace par les organisateurs des excursions, face à l'océan qui déferle au-delà de la verdoyante plaine côtière.

De la plaque "mère" dérivent plusieurs langues glaciaires qui se glissent entre des montagnes et semblent dévorer tout sur leur passage. Coincé entre deux volcans, travaillé de l'intérieur par des montées de magma, pudiquement appelées points chauds, le Vatnajökull est terriblement impressionnant avec ses énormes fronts de glace dont certains sont zébrés de dépôts de cendres d'anciennes éruptions d'où sourdent des filets d'eau glacée.

◂◂ Les habitants de FLATEY, l'île plate, environnée de 2700 récifs et îlots, et riche centre culturel aux temps Viking, détestent les corbeaux et les grands goélands qu'ils tiennent éloignés de leur terre en les pourchassant et les tuant. Cette politique non concertée a eu pour résultat de permettre aux bécassines et aux chevaliers gambettes de prospérer.

FASKRUDSFJORDUR
garde le souvenir des pêcheurs
bretons et flamands
qui venaient traquer la morue
dans ses eaux. On trouve
encore quelques traces
de leur passage dans le village :
calvaire, pierre tombale.
Comme en témoignait
un marin de Paimpol, la pêche
était dure dans ce pays
"où il fait si froid et si sombre,
avec une mer si mauvaise".

C'est vus du ciel que les glaciers du VATNAJOKULL révèlent le mieux leur intimité. On y voit à l'oeuvre le feu de la terre dévorant les glaces millénaires au pied des volcans. On découvre comment sous l'effet conjugué de la gravité et des convulsions magmatiques, des dizaines de mètres d'épaisseur de croûte glaciaire peuvent se fissurer et craquer comme de vulgaires glaçons. Comment enfin, l'eau des glaciers est littéralement absorbée par les immenses étendues désertiques.

▸▸ *Sa longue crinière au vent,
ce petit cheval Islandais profitent
de la vue panoramique
des berges de FASKRUDSFJORDUR*

Les moutons ont fait la richesse de l'Islande et… la ruine de sa végétation. Ces individualistes forcenés, laissés en complète liberté durant tout l'été, et rassemblés juste avant la tonte avant de regagner leurs étables, broutent en effet tout ce qu'ils trouvent, jusqu'à la racine. Ils seraient donc en grande partie responsable de la désertification de certains territoires.

Quand les moutons prennent la route

Avec un cheptel de 460 000 moutons, l'Islande totalise presque deux moutons par habitants. De drôles phénomènes ces ovins, descendants directs des moutons importés par les Vikings au IXème siècle, que l'on expédie en camion vers la liberté chaque printemps. Pendant trois mois au moins, ces individualistes vaquent en totale liberté, broutant ce qu'ils trouvent en chemin, généralement par trois : une brebis et ses deux agneaux de l'année.

Aucune barrière ou presque pour les arrêter. Si leur toison épaisse les protège parfaitement des intempéries, ils détestent le soleil et s'abritent à l'ombre d'un rocher au moindre rayon. Leur laine pousse si bien qu'à la fin de l'été certains en traînent derrière eux de longs lambeaux. Ce qui est très précisément le but du jeu. Les moutons sont lâchés pour donner ensuite la meilleure des laines, celle qui servira à tricoter en rond les fameux pulls islandais ornés de motifs subtils. Plutôt sympas donc les moutons islandais, à condition de ne pas prendre la route. Ces énergumènes raffolent en effet de sel et passent le plus clair de leur temps à lécher le sel utilisé l'hiver pour lutter contre le verglas, et incrusté dans le revêtement. Ce n'est qu'à regret qu'ils abandonnent le milieu de la chaussée en dépit de coups de klaxons véhéments et à peine le véhicule passé, ils reprennent leur place au centre de la voie, en toute insouciance.

A l'automne, les bergers partent en 4X4, à cheval, voire même en avion pour les repérer et les ramener dans de véritables fermes de triages où les troupeaux sont reconstitués.

Le cœur de l'Islande est un désert glacé, totalement minéral, où les conditions météorologiques sont particulièrement dures. Il n'est pas rare qu'il y neige et gèle en plein été. Au XIXème et au début du XXème siècle, des voyageurs en ont fait l'amère expérience comme en témoigne cette croix.

Immense, désert, sauvage, le centre de l'Islande était réputé si inhospitalier que tout banni qui s'y aventurait était quasi certain d'y mourir. Le gel, les tempêtes subites y sont en effet monnaie courante, même en plein été, et à l'exception des mousses accrochées aux laves près des rivières, seuls de maigres lichens parviennent à y pousser.

Les rochers noirs du désert central

Il faut compter deux jours complets pour saisir la magie de cet univers hors du monde, d'une luminosité irréelle, à première vue monotone mais d'une variété insoupçonnée. On aborde ici la grande aventure avec la traversée en 4x4 d'un désert de basalte totalement dénudé, sans autre trace de vie que quelques tapis de lichens, de mousses et de fleurs arctiques, dont les maigres taches mauves colorent brièvement le sol noir. Sur des centaines de kilomètres, à 1000m d'altitude environ, des pistes, ouvertes depuis les années 30 seulement, (praticables de début juillet au 10 septembre), serpentent sur ce haut-plateau désolé, entre des lignes de glaciers qui se perdent à l'horizon. De loin en loin, surgi des entrailles terrestres, le bouillonnement d'un cours d'eau rompt le silence minéral. Pas question de passer seul et en tout cas, ne jamais franchir une rivière à l'endroit le moins large, c'est le plus profond.

Pendant longtemps les Islandais ont évité cette partie de leur pays essentiellement par crainte...des trolls. Il faut dire que la palette de couleurs des Kerlingarfjöll, littéralement "monts des sorcières" qui va du noir au jaune safran en passant par toutes les nuances d'orange et d 'indigo, les rivières bouillantes et fumantes, les fumerolles innombrables dont l'odeur de soufre tourne la tête, les jets de vapeur fusant partout, les galeries de glace creusées par des ruisseaux d'eau chaude font s'interroger sur l'état mental du Créateur aux premiers jours du monde, à moins qu'il s'agisse de ses premiers essais !

Le tracé de la fameuse piste de Sprengisandur existait cependant déjà à l'époque des Vikings qui la parcouraient à cheval, et plusieurs sagas et chansons populaires en évoquent les dangers. Deux cent cinquante kilomètres vraiment difficiles non seulement en raison des nombreux gués mais aussi des conditions climatiques règnant sur le désert noir et pierreux qu'elle traverse. Les vagues d'air polaire peuvent y amener de la neige en plein mois de juillet et il gèle presque toute l'année à Nyidalur, trop proche sans doute de la calotte glaciaire du Tungnafellsjökull. Un contraste surprenant avec Laugafell réputé pour ses nombreuses sources chaudes et sa piscine à 45°C. A l'autre extrémité de ce pays noir, ponctué de champs de sable et de pierres ponces, au pied du Heroubreio, volcan table de 1682m, d'autres sources chaudes ont généré de mini oasis de végétation. C'est d'ailleurs ici que Eyvindur-des-Montagnes, bandit proscrit, au XVIIIème siècle, a pu survivre à l'hiver, installé dans une faille de lave habilement transformée en gîte.

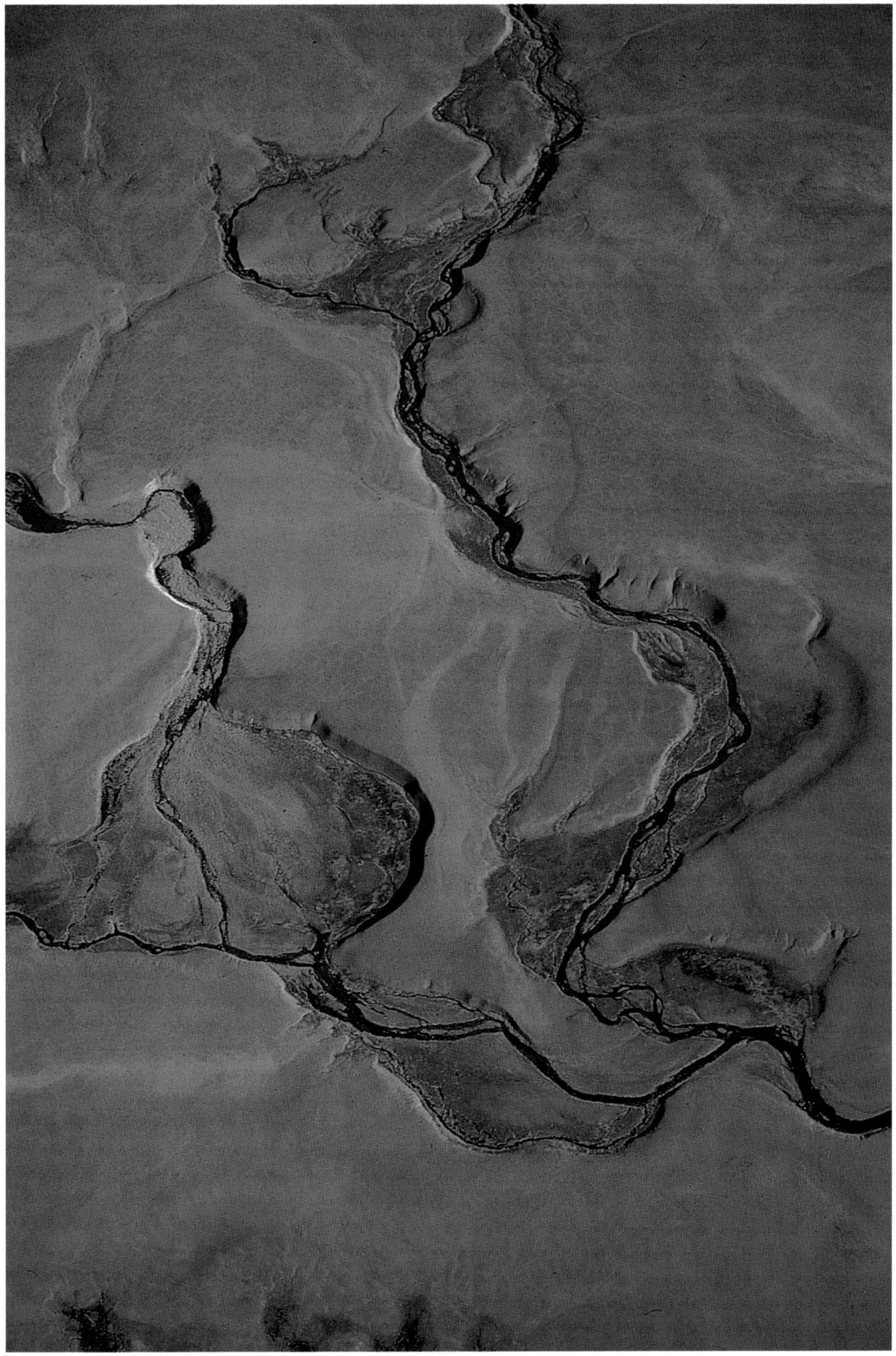

Vu d'avion, le cours des ruisseaux nés de la fonte des glaces dans les vastes plaines du SPRENGISANDUR, au centre du pays, paraît bien confus. Dès qu'ils prennent un peu de force, ces cours d'eau sont toutefois capables d'entamer profondément le basalte et de creuser la lave sur des centaines de mètres de profondeur.

En suivant GAESAVATNALEID,
la "vieille" piste qui passe pour
être la plus difficile d'Islande,
souvent coupée
de gués profonds et sur laquelle
il faut impérativement
voyager en convoi,
on traverse des paysages
particulièrement spectaculaires
et austères comme ce champ
de cairns naturels,
surprenant résultat de l'érosion
hydrographique sur des couches
de laves fluides
appelées "pahoehoe".

L'une des meilleures manière de prendre toute la dimension du géant VATNAJOKULL est sans doute de se faire déposer sur sa calotte après un survol en hélicoptère. Une expérience inoubliable qui permet non seulement d'embrasser du regard ses 8000km2 de glace, mais aussi d'en saisir les secrets, comme ce lac ordinairement caché dans la brume.

Parfaitement intégrés au paysage, les lagopèdes alpins qui changent de tenue de camouflage en fonction de la saison (blanc l'hiver et brun l'été) sont également adaptés aux ressources du terrain. Dans la lande, ils se nourrissent de pousses de renouée et dans les champs de lave, ils se régalent de baies de camarine noire.

*La palette des couleurs
de l'automne vient jouer
avec la végétation
et la lumière de THINGVELLIR.*

Conception et réalisation graphique
BOWER©
3, place aux huiles - 13001 Marseille

Photocomposition-montage-cartographie
BOWER-ENCRE BLEUE
16A, rue des Abeilles - 13001 Marseille

Photogravure
Ragnar Th. Sigurðsson

Impression
HORIZON
Parc de la Plaine de Jouques - 13420 Gémenos

Achevé d'imprimer en février 2005
Dépôt légal mars 2005
ISBN 2 7194 1780 8